C.H.BECK **WISSEN**

in der Beck'schen Reihe

Die Geschichte der altägyptischen Kunst umfasst eine Zeit von mehr als 3000 Jahren. Dorothea Arnold gibt in diesem Band einen konzentrierten und lebendigen Überblick über die wichtigsten Entwicklungen auf den Gebieten der Architektur, der Skulptur, des Reliefs und der Malerei. Sie stellt herausragende wie typische Werke vor und erläutert, wie sie hergestellt wurden. Daneben beschreibt sie die ursprünglichen lebensweltlichen Kontexte der ägyptischen Kunst und die vielfältigen Funktionen, welche die Bilder der alten Ägypter übernehmen konnten.

Dr. Dorothea Arnold leitet die Abteilung für Ägyptische Kunst am Metropolitan Museum of Art in New York.

Dorothea Arnold

DIE ÄGYPTISCHE KUNST

Verlag C.H.Beck

Mit 49 Abbildungen, davon 20 in Farbe, und 2 Karten

Karte vorderer Vorsatz: Ägypten und Nubien
(Grenze bei Assuan) mit den im Text genannten Orten;
Karte hinterer Vorsatz: Die wichtigsten Monumente des
alten Theben (Luxor) und Theben-West

Originalausgabe

Satz: Fotosatz Amann, Aichstetten
Druck und Bindung: Druckerei C.H.Beck, Nördlingen
Umschlagabbildung: Soldat, bemaltes Kalksteinrelief
(Detail) aus dem Tempel der Hatschepsut, Deir el-Banri,
Theben-West, 18. Dynastie, Koregentschaft Hatschepsut
und Thutmosis III., Ägyptisches Museum und
Papyrussammlung, Staatliche Museen zu Berlin,

Umschlagentwurf: Uwe Göbel, München
Printed in Germany
ISBN 978 3 406 63213 6

www.beck.de

Inhalt

I. Die Welt, in der ägyptische Kunstwerke lebten

1. «Kunst» in der altägyptischen Sprache

Einführungen in die ägyptische Kunst betonen oft, die ägyptische Sprache habe kein Wort für «Kunst» gehabt; und es ist richtig, dass es für unser Wort «Kunst» keine direkte Übersetzung ins Altägyptische gibt, ebenso wenig wie in andere alte Sprachen, etwa das Griechische oder das Lateinische. Es gibt aber eine ganze Reihe von altägyptischen Begriffen, die sehr wohl Tätigkeiten und Dinge beschreiben, die eng mit dem zusammenhängen, was wir «Kunst», «Künstler» oder «künstlerisch» nennen. Ein Blick auf einige dieser Ausdrücke ist ein guter Einstieg in die Kunstgeschichte des alten Ägypten.

Da ist einmal – wie im Lateinischen und Griechischen – die Wortfamilie, die sich um den Begriff «Handwerk» gruppiert. In der Hieroglyphenschrift des alten Ägypten ist es das Bild eines Kurbelbohrgeräts, *ḥmt*, das benutzt wurde, um das Wort *ḥmww* («Handwerker») und verwandte Wörter zu schreiben. Wie überall in der antiken Welt waren auch im alten Ägypten Künstler zuerst und zuvorderst Handwerker; und eine Sonderstellung bestimmter Gruppen von Künstlern basierte nur sehr selten auf der Wertschätzung von Einzelprodukten, sondern vielmehr auf der besonderen religiösen oder staatlichen Bedeutung jener Einrichtung, für die die Produkte hergestellt wurden. So hießen die Handwerker – und in unserem Sinne die Künstler –, die für die Gräber der Pharaonen im Tal der Könige arbeiteten, «Diener des Orts der Maat (Wahrheit, rechte Weltordnung)», wobei der «Ort der Maat» eben das Grab des Pharao war.

Für die Bilder, die diese Handwerker in Stein, Metall, Holz oder Ton herstellten, gab es eine ganze Reihe von Begriffen. Ein oft gebrauchtes Wort war *twt*, abgeleitet möglicherweise von einem Wortstamm *twt* mit der Bedeutung «ähnlich, gleich, angemessen sein». Im Deutschen wird *twt* denn auch meistens als «Abbild» übersetzt. Es ist allerdings daraus nicht zu schließen, dass die naturgetreue Abbildung oder gar die Porträtierung das Hauptziel der Herstellung von Bildern war. In der altägyptischen Sprache widersprechen dem jedenfalls die meisten anderen Begriffe für Bilder und Statuen.

Das Wort *šsp* zum Beispiel wurde seit dem Mittleren Reich (s. die Zeittafel S. 124) vor allem zur Bezeichnung der Sphinx benutzt, eines mythologischen Wesens, das den König in seiner Macht zwar eindrucksvoll darstellt, aber kaum in seinem Aussehen abbildet. Der amerikanische Ägyptologe Henry G. Fischer hat das Wort *šsp*, wenn es für Statuen benutzt wurde, mit dem Verb *šsp* («empfangen, nehmen») in Verbindung gebracht und das so bezeichnete Bildwerk als «Empfänger», nämlich von Leben, gedeutet. Ein anderes üblicherweise mit «Statue» übersetztes Wort, *ḫnti*, wurde mit dem hieroglyphischen Zeichen für «rudern» geschrieben und bezeichnete wohl ursprünglich eine Statue, die in einer (Schiffs-)Prozession eine Rolle spielte; *sšmw* (von *sšm*, «leiten, führen») war eine Bezeichnung für ein Kultbild und dessen bootsförmigen Schrein; und *ʿḫm* und *bs* («Bilder») wurden unter anderem im Tempelkult auf Standarten getragen. Alle diese Begriffe beziehen sich vorwiegend auf die Funktion des betreffenden Bildes im Kult. Die «Gleichheit» des *twt* bezeichnet dementsprechend nicht die Ähnlichkeit des Bildes mit dem Aussehen des dargestellten Menschen, Königs oder Gottes, sondern eine wesensmäßige Übereinstimmung, die vor allem durch kennzeichnende Attribute und eine Beschriftung mit dem Namen herstellt wurde und die das Funktionieren des Bildes in Vertretung des Dargestellten gewährleistete. Eine Übersetzung von *twt* mit «Darstellung, Wiedergabe» ist daher der als «Abbild» vorzuziehen.

Das wichtigste Merkmal eines solchen Bildwerks, das den Dargestellten vor allem im Kult vertrat, war sodann Leben, *ʿnḫ*. Viele Texte sprechen von einem *twt ʿnḫ* oder verbinden den Begriff *ʿnḫ* mit einem der anderen Wörter für Bildwerke. Gemeint ist damit kein lebendiges Abbild in dem Sinne, in dem wir sagen, eine Person sei «sehr lebendig wiedergegeben»; sondern

ʿnḫ steht hier für «existierend, daseiend». Die «lebende» Wiedergabe ist im Besitz des vollwertigen Daseins, sie existiert als «Teilhaber am Sein». Nach ägyptischem Brauch wurde ihr diese «Teilhabe am Sein» nach der Fertigstellung durch die Handwerker/Künstler in einem Ritus verliehen, den die Ägypter «Mundöffnung» nannten. Von Priestern vollzogen, beinhaltete das Ritual neben Handlungen, die auf symbolischer Ebene die Herstellung des Bildwerks wiederholten, eine meditative «Schau» des Bildes, eine magische Evokation des vom Priester – in der Rolle des Sohnes eines Verstorbenen – als «mein Vater» angesprochenen Dargestellten und schließlich eine durch die verwendeten Geräte angedeutete Geburt.

Dies ist der Hintergrund, vor dem die hin und wieder anzutreffende Bezeichnung von Bildhauern als *sʿnḫ* («Leben-Macher») Bedeutung gewinnt. Es ist nicht das gängigste altägyptische Wort für diesen Beruf, kommt aber immerhin nicht nur auf Werkstattbildern, sondern auch auf einer alltäglichen Rechnung vor. Dasselbe Wort findet sich vereinzelt auch bei Darstellungen eines Handwerks, dessen gesellschaftlicher Status traditionell als besonders niedrig angesehen wurde: der Töpferei. «Der Töpfer [...] er wühlt im Matsch mehr als ein Schwein», sagt ein allerdings satirischer Text. Dessen ungeachtet ist im Grab des Chnumhotep in Beni Hasan ein unter primitivsten Bedingungen arbeitender Töpfer durch die Inschrift als *sʿnḫ* bezeichnet. Wohl möglich, dass in dieser Darstellung in einem Grab, in dem es um die Wiedergeburt des Toten ging, eine Anspielung auf die mythische Rolle der Töpferei vorliegt – wurden doch Schöpfergottheiten wie Ptah und Chnum zu verschiedenen Zeiten als Töpfer dargestellt, die zuweilen ausdrücklich Menschenfiguren auf der Töpferscheibe herstellen.

Neben *ʿnḫ*, dem Leben, war für die Ägypter Dauer die nächstwichtige Eigenschaft von Monumenten, Statuen und Bildern. Sie bedeutete ein Überleben weit über die Länge eines Menschenlebens hinaus: «in Ewigkeit», wie unzählige Texte betonen. Bauwerke und Statuen wurden *m mnw*, als bleibende Monumente, gestiftet (*mn* heißt «bleiben»), und wenn Verfall oder Zerstörung stattgefunden hatten, war die Wiederherstellung eine vielgerühmte Aufgabe der Könige und Staatsbeamten.

Ästhetische Gesichtspunkte, die im modernen Kunstverständnis eine so wichtige Rolle spielen (oder doch spielten), treffen wir in altägyptischen Aussagen über die «in Ewigkeit existierenden Bildwerke» nicht im vollen heutigen Sinne an. Trotzdem gibt es zahlreiche Hinweise, dass die Sinne beim Beurteilen eines Bildwerks durchaus angesprochen sein wollten. Die am meisten geschätzten Werke waren nämlich aus den besten und seltensten Materialien hergestellt, und weißer Stein, glänzendes Gold, Silber und Kupfer sowie die Verwendung von farbenprächtigen Halbedelsteinen wie Karneol, Türkis und tiefblauem Lapislazuli werden in den Inschriften gelobt. «Gott wird auf seinem (Prozessions-)Weg verehrt (in seinem Bild), hergestellt aus kostbaren Steinen, gegossen aus Erz. Wie jede Welle durch eine folgende Welle ersetzt wird, so gibt es keinen Fluss, der sich verbergen ließe: er durchbricht den Kanaldamm, hinter dem er sich verborgen hatte» (Übersetzung Hellmut Brunner). So schildert ein Text des Mittleren Reiches (die «Lehre für Merikare») das überwältigende Erlebnis göttlicher Präsenz im Bild.

2. Die Umwelt der ägyptischen Kunst

Ägypten war schon im Altertum ein beliebtes Reiseziel, und der erste Geschichtsschreiber der westlichen Welt, der Grieche Herodot, der um 450 v. Chr. das Land – zum großen Teil wohl nach eigener Reiseerfahrung – beschrieb, ist bis heute kein schlechter Führer. Herodot hat Ägypten ein Geschenk des Nils genannt. Was der «Vater der Geschichte» damit gemeint hat, ist bildlich in dem Mosaik zu betrachten, mit dem römische Verehrer Ägyptens, vielleicht Anhänger der Isis-Religion, in der hoch gelegenen antiken Stadt Praeneste südlich von Rom wohl am Ende des 2. oder im 1. vorchristlichen Jahrhundert den Fußboden einer Grotte geschmückt haben (Abb. 7). Man sieht den wasserreichen Nil, wie er sich aus dem bergigen Süden durch schroffes Felsengebiet in das im Vordergrund dargestellte nördliche Ägypten schlängelt, um dort das flache Land so weitgehend zu überschwemmen, dass Gebäude und menschliches Leben sich nur auf höher gelegenen Inseln finden. Der Weg des Flusses aus dem Felsgebiet ist gleichzeitig – dem Verständnis der Zeit entsprechend – ein Weg vom exotischen, von wilden Tieren bewohnten inneren Afrika zum Mittelmeer; dort feiern – vielleicht in Anwesenheit des ptolemäischen Herrscherpaares – Soldaten in griechischen Helmen an einem gut befestigten Hafenbecken ein Fest, das möglicherweise in Zusammenhang mit der Überschwemmung steht. Das ägyptische Land dazwischen ist bis auf ein Gehöft vornehmlich mit Tempeln bestanden. Von Mauern umgeben und mit turmartigen Pylonen bewehrt, ragen sie aus dem überschwemmten Land empor.

Nicht nur auswärtige Besucher erlebten Ägypten als eine Versammlung von Heiligtümern. Sesostris I. ließ in Karnak an der Basis seines Stationskiosks (eines Baus, in dem man während einer Prozession das Kultbild absetzen konnte) eine Liste der ägyptischen Verwaltungsbezirke (Gaue) anbringen. In drei übereinandergelegenen breiten Feldern erscheint jeweils im obersten Feld der Name des Gaues, dann im mittleren Feld dessen Hauptgott und Hauptort und schließlich im dritten Feld eine Angabe über die Ausmaße der betreffenden Provinz. So haben durch die Zeiten hindurch Bewohner und Besucher Ägypten als Konglomerat von einzelnen Teilen erfahren, die jeweils auf ein eigenes kultisches Zentrum ausgerichtet waren. Im persönlichen Leben der Ägypter hatte das zur Folge, dass die wichtigste religiöse Bindung oft die an eine lokale Gottheit war (Abb. 8).

Vor dem Bau der großen Flussdämme in neuerer und neuester Zeit setzte die jährliche, aus Äthiopien kommende Überschwemmung große Teile des Ackerlandes im ägyptischen Niltal von Juli bis Oktober unter Wasser und ermöglichte so überhaupt erst das Leben im weitgehend regenlosen Ägypten. Dieselbe Flut brachte auch – wie im Mosaik von Praeneste so anschaulich dargestellt – den Charakter des Landes als eines Flickenteppichs immer wieder neu zu Bewusstsein; denn nur die höher gelegenen Teile ragten während der Überschwemmung aus dem Wasser heraus. Ging dann die Flut zurück, konnte jede «Insel» als ein Ort der Neuschöpfung, als ein «Urhügel» erfahren werden.

Zyklisch wiederkehrende Neuschöpfung im Hier und Jetzt wurde so zu einer Grunderfahrung altägyptischen Lebens.

Dessen ungeachtet entwickelte sich schon früh in der Geschichte des Landes das Bedürfnis nach einem Zusammenschluss von Teilgebieten zu größeren Einheiten. Schließlich entstand – nicht ohne Machtkämpfe jeglicher Art – der einheitliche Staat unter der gesamtägyptischen Institution des Königtums. Dabei wurden die rein praktischen Funktionen des «Pharao» («großes Haus») als Oberhaupt einer einheitlichen Verwaltung und Wirtschaft, als Richter, Bauherr und Anführer im Kampf von Anfang an von den religiösen Funktionen des Priesters und Mittlers zwischen Menschen und Göttern übertroffen.

Die altägyptische Bildwelt hat die das Land zusammenschließende Funktion des Königtums und dessen als gottgegeben, ja göttlich aufgefasste Rolle eindrücklich dokumentiert und damit über die Jahrtausende hinweg im Bewusstsein verankert. Theoretisch war in jedem Tempel des Landes – auf all den vielen «Urhügelinseln» – der König und nur er befugt, den Kult auszuüben, gleich welche Gottheit im einzelnen Fall verehrt wurde. Priester amtierten zwar im praktischen Leben an Pharaos Stelle, aber die Bildwelt der Tempel machte deutlich, dass es eigentlich immer und täglich der Pharao war, der die Kultbilder betreute und die Opferriten vollzog.

Die priesterliche Allgegenwart des Königs an jedem Ort, in jedem Tempel und Heiligtum hatte zudem eine wichtige Parallele im Bild der «Vereinigung der beiden Länder», die vor allem in Verbindung mit dem Thron des Pharao unzählige Male dargestellt wurde. Dieses Bild zeigt die Wappenpflanzen von Oberägypten und Unterägypten (Nildelta), Lilie und Papyrus, um die Hieroglyphe für «Vereinigung» zusammengebunden. In vielen Darstellungen sieht man auch die Landesgötter Horus (Oberägypten) und Seth (Unterägypten) oder mit allen Zeichen der Fruchtbarkeit ausgestattete Personifikationen der beiden Landesteile den Akt der Vereinigung vollziehen. Es ist dies ein Geschichtsbild typisch ägyptischer Art, das komplexe historische Vorgänge wie im Zeitraffer zusammenfasst und mythologisch verallgemeinert. Denn wie die jährlich neu erfahrene

Schöpfung des lebengebenden Ackerlandes musste nach ägyptischer Auffassung auch der politische Zusammenschluss des Landes von jedem Herrscher und zu jeder Zeit immer wieder von Neuem geleistet werden.

Das fruchtbare Ackerland (Abb. 9) ist allerdings nur ein Teil Ägyptens. Die Zone des Lebens ist im Osten und im Westen von Wüste umschlossen. Im Niltal südlich von Kairo beträgt der Abstand zwischen der westlichen und der östlichen Wüste oft nur zehn Kilometer oder gar weniger, und man kann vom einen Wüstenrand den anderen ohne Mühe ausmachen. Diese ständige Präsenz der Wüste wird dadurch noch eindrucksvoller, dass entlang des Niltals südlich von Kairo der zunächst flache Wüstenrand sehr bald von schroff abfallenden Kalksteinwänden, südlich von Edfu von Sandsteingebirgen eingefasst ist. Außer im mittleren Nildelta ist sich also der Bewohner des fruchtbaren Ägypten stets der Gegenwart der lebensbedrohenden Wüste bewusst. Ohne Zweifel hat dieser Charakter ihres Lebensraums dazu beigetragen, dass die alten Ägypter sich schließlich eingehender als viele andere Völker mit dem Thema des Todes auseinandersetzten. Da außerdem bei der Knappheit des fruchtbaren Bodens die Toten vor allem in der Wüste bestattet wurden, war die Gleichsetzung von Wüste und Tod von Anfang an gegeben.

Die Bewohner des Niltals wussten im Altertum allerdings durchaus, dass die Wüste – damals sogar mehr noch als heute – belebt war. Und sie haben dieses Leben, das Wild, die Kleintiere und die spärlichen Pflanzen, in zahllosen Bildern dargestellt. Offenbar wurde gerade dieses Tier- und Pflanzenleben in der unwirtlichen Wüstenlandschaft als ein Symbol des Lebens, welches den Tod überwindet, erfahren. Hinzu kam, dass die Sonne für den Niltalbewohner über (und zwischen) den Kalk- und Sandsteinklippen der Ostwüste aufgeht: auch das ein lebenskräftiges Zeichen, das den Menschen in den tröstenden Zyklus des Kosmos einspannte. Der Aufgang des göttlichen Gestirns im Osten, der Weg über den Himmel am Tag, dann der Untergang in der folgerichtig vor allem als Ort der Toten verstandenen Westwüste – dieser Kreis wurde gedanklich durch die Vorstellung geschlossen, dass das Sonnenschiff während der Nacht die Toten in der Unterwelt besucht.

II. Ägyptische Bauwerke als Räume der Kunst

1. Häuser

Die Wohnungen der Menschen wurden im alten Ägypten so gut wie nie ganz aus Stein gebaut. Typische Materialien waren Schilfmatten und Ziegel aus ungebranntem Nilschlamm. Mattenzelte und Hütten nach Art der großartigen Architektur der süd- und ostirakischen Sümpfe dienten in vorgeschichtlicher Zeit und vielleicht auch noch später als Behausungen und wohl auch als Versammlungsstätten. Mattengeschützte Unterstände wurden noch während der pharaonischen Zeit (wie zum Teil auch heute) für kurzfristige Zwecke, zum Beispiel während der Ernte in den Feldern, errichtet. Imitationen von Bauteilen aus Mattenwerk, wie etwa der Rundstab (*torus*) an Tempelecken, die aufgerollte Türmatte über Nischen und Eingängen oder Mattengeflechte an Wänden, Fensterumrahmungen, Kästen und Möbeln, fanden dann auch als Dekorelemente nachhaltig Eingang in die Architektur und Kunst Ägyptens.

Ungebrannte Ziegel sind bis heute als Baumaterial weit verbreitet. Sie sind verhältnismäßig schnell und einfach mit Hilfe von rahmenartigen Holzformen herzustellen; sie trocknen problemlos an der Luft, und die aus ihnen gebauten Mauern bieten erstaunlich wirksamen Schutz vor Hitze und Kälte. Einzelteile wie etwa Türschwellen und Türrahmen, Säulenbasen und flache Duschwannen waren in den Häusern der Mittel- und Oberklasse Altägyptens oft aus Stein. Holz war das am häufigsten verwendete Material für Säulen, Fenstergitter, Türen und Möbel. Die Decken der ziegelgebauten Häuser waren oft gewölbt oder bestanden aus vergipsten Palmenstämmen; alle Wände waren mit Nilschlamm überzogen. Die Decken waren geweißt, die Wände im unteren Drittel schwarz, darüber beige bemalt, mit einer Dekorzone aus roten, weißen und gelben Streifen dazwischen. Wie wir sogleich sehen werden, fanden sich auch aufwendigere Wandmalereien in den Häusern.

Typische Hausformen haben sich in Ägypten oft über lange Zeit hinweg erhalten, aber jede der Hauptepochen hatte ihre bevorzugte Form. Charakteristisch ist – wie in vielen heißen Ländern – die Konzentration der Gebäude nach innen. Lediglich die Haustür und – bei den mehrgeschossigen Gebäuden vor allem des Neuen Reiches – einige Fenster im Obergeschoss waren abgesehen von den Wänden von außen sichtbar. Beim Betreten eines aufwendiger gestalteten Hauses der Oberschicht zur Zeit des Mittleren Reiches zum Beispiel durchschritt man zunächst einen länglichen Korridor, der dann direkt oder über einen Vorraum in einen offenen Innenhof führen konnte. Hier sah sich der Bewohner und Besucher einer nach Norden zum Hof hin offenen Säulenhalle konfrontiert, in deren Innerem Türen zu den Wohnräumen führten. Die Küche und andere Nutzräume waren – direkt oder über Vorräume – oft auch vom offenen Hof aus zugänglich. Im Hof selbst befand sich häufig eine Wasserstelle.

Ein Haus der Oberschicht von gleichwertigem Repräsentationscharakter in der Hauptstadt des Königs Echnaton – Achetaten oder Amarna – war üblicherweise von einem unregelmäßig großen, mauerumschlossenen Außengelände umgeben, in dem sich Nutzräume, Ställe, Kornspeicher, ein Brunnen und oft eine Gartenanlage befanden. Das als kompakter Baukörper gestaltete eigentliche Haus betrat man über eine Eingangstreppe und einen Vorraum, um zunächst in einen längsgerichteten, dann in einen quadratischen Empfangs- und Wohnraum einzutreten. Die Decken beider Räume waren von Säulen getragen, und der höhere quadratische Hauptwohnraum hatte Oberlichtfenster.

Handwerker der Mittelklasse, wie etwa die Steinmetzen und Maler der thebanischen Königsgräber des Neuen Reiches, die in dem Dorf mit dem heutigen arabischen Namen Deir el-Medina wohnten, besaßen recht ansehnliche Häuser (Abb. 1). Diese bestanden aus einer von hochgelegenen Fenstern beleuchteten Mittelhalle, deren Dach von einer Säule getragen war, ein bis

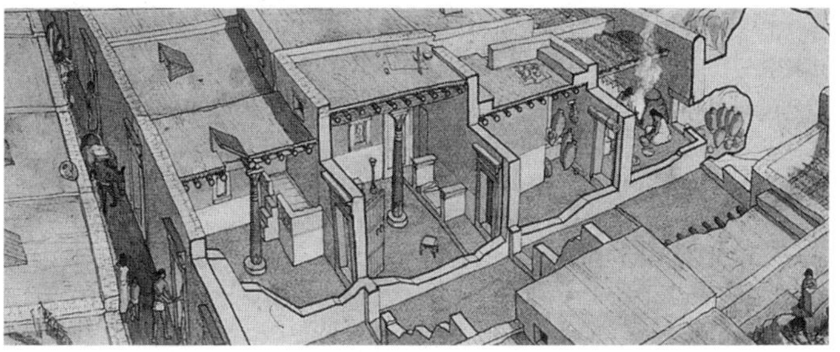

1 Rekonstruktion eines Hauses in Deir el-Medina, Neues Reich (Aquarell von Jean-Claude Golvin)

zwei Nebenräumen und einem Küchenhof. Die Räume in diesen Häusern waren – anders als in den bisher besprochenen – axial angeordnet, wobei unklar bleibt, ob dies auf die Enge des verfügbaren Raumes zurückging oder auf den Einfluss der Architektur zeitgleicher königlicher Paläste.

Die Straßen der Siedlungen waren eng. Meist gab es eine Hauptstraße, die die Siedlung in Längsrichtung durchschnitt, und verschiedene mehr oder weniger kurze, unregelmäßig verteilte Querstraßen. Nur planmäßig angelegte Staatssiedlungen hatten schnurgerade Straßen, an denen in Reihen gleichförmig geplante Häuser verschiedener Größe lagen. Die kleineren Häuser wurden von Arbeitern und Handlangern bewohnt, und der Grundriss war dementsprechend einfach, mit nur drei bis fünf miteinander verbundenen Räumen. Ähnlich einfache Häuser waren in Siedlungen, welche nicht staatlich geplant waren, häufig in Gruppen in unregelmäßiger Form neben- und aneinander gebaut oder umgaben ein größeres Anwesen. So vollzog sich das Leben des Einzelnen im oft hautengen Zusammenleben mit anderen.

Die Häuser des 1. Jahrtausends v. Chr. waren zum Teil von recht unterschiedlichem Charakter. Neben traditionellen, früheren Formen gab es turmartig hochgebaute Häuser mit einem zentralen, die verschiedenen Stockwerke verbindenden Treppenhaus. Auch bei diesen Häusern lebten die Bewohner vorwiegend im abgeschlossenen Innern des Baukörpers. Aber das Verhältnis von einem Haus zum benachbarten und damit die Beziehung des Einzelnen zur Gesamtheit einer Siedlung müssen in etwas anderer Weise funktioniert haben, welche die Hausbewohner stärker voneinander isolierte.

In allen Häusern, auch den einfachsten, fanden sich Bildwerke. Neben der verbreiteten Streifenbemalung gab es durchaus auch figürliche Malereien an den Wänden; und vielleicht sind die wenigen erhaltenen Reste nur ein verschwindend kleiner Teil dessen, was ursprünglich vorhanden war. Zwei Themenkreise der Malereien in den Häusern lassen sich aus den Resten erschließen: Neben Darstellungen von Kultgerät stehen Szenen aus dem Bereich der sexuellen Anziehung, der Fruchtbarkeit und des Schutzes von Neugeborenen. Ort der Fruchtbarkeitsbilder war im Deir el-Medina des Neuen Reiches ein ummauerter Altar oder Schrein im ersten, dem Eingang von der Straße her nächstgelegenen Zimmer. Hier fanden die Ausgräber lebendige Darstellungen von nackten, tätowierten Tänzerinnen, Pflanzen und recht offenen sexuellen Szenen. Besonders häufig waren gemalte und in Ton reliefierte Bilder des zwergengestaltigen Bes mit Löwenmaske und Schwanz, der für den Schutz besonders von neugeborenen Kindern zuständig war und dessen Bild auch als Dekor vieler Möbel diente.

In einigen Häusern der Elite von Amarna, der Residenz des Echnaton, waren in Hausschreinen Reliefs angebracht, auf denen die königliche Familie zu sehen ist. Diese Reliefs sind oft als intime Familienbilder gefeiert worden. Man sollte aber nicht übersehen, dass es sich dabei letztlich um künstlerisch sublimierte Fassungen des Themas der Fruchtbarkeit handelt, das in ägyptischen Häusern von alters her seinen Platz hatte.

Im selben Raum, in dem sich in Deir el-Medina der Schrein mit den Fruchtbarkeitsbildern befand, sowie in einigen Hauptwohnräumen gab es auch Nischen in den Wänden; Funde deuten darauf hin, dass hier wahrscheinlich Skulpturen aufgestellt waren, wie sie sonst auch in Heiligtümern und Gräbern deponiert wurden. Die oft als Büsten bezeichneten Bildwerke (Abb. 3) zeigen einen menschlichen Kopf – seltener zwei Köpfe – mit dreiteiliger Perücke, kurzem oder geschorenem Haar auf einem

Unterteil, welches oben auf beiden Seiten schulterartig abgerundet oder seitlich abgeflacht ist. Auf der Brust der «Büste» liegt ein breiter gemalter Perlenkragen.

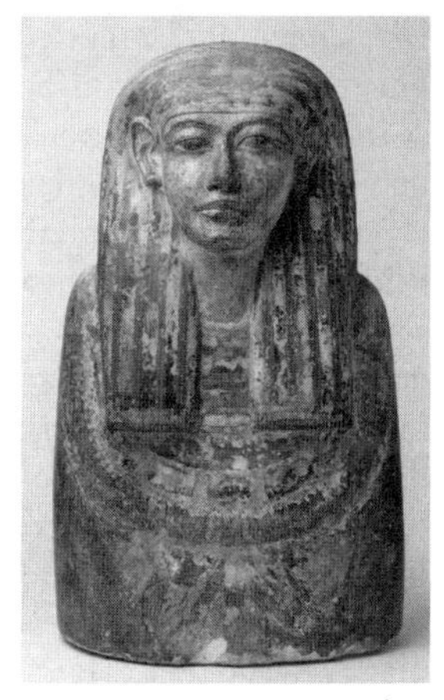

2 Büste aus einem Haus in Deir el-Medina, 19. Dynastie, bemalter Kalkstein, The Metropolitan Museum of Art, New York, Purchase, Fletcher Fund and The Guide Foundation Inc. Gift, 1966

Viele Ägyptologen haben diese Bildwerke als Objekte eines Ahnenkults gedeutet. Dem scheinen die fast immer idealisierten Gesichter und die Tatsache zu widersprechen, dass nur sehr wenige Exemplare mit Namen beschriftet sind. Unter den vorhandenen Inschriften bezeichnen die meisten eine – fast immer weibliche – Spenderin oder gar eine Gottheit, nicht eine dargestellte Person. Jean Lewis Keith schlägt daher vor, dass die Büsten je nach Umständen einer ganzen Anzahl verschiedener Zwecke gedient haben könnten: «der Verehrung ungenannter Ahnen, als Vertreter der ‹Seele› Verstorbener, als Votive und Exvotos an Gottheiten, Darstellungen von Gottheiten, Elemente der Volksreligion und magischer Vorstellungen und als apotropäische Amulette».

Wichtig ist aber auch festzuhalten, dass die Auffindung der Büsten in Heiligtümern, in Gräbern und Häusern auf einen Bedeutungsbereich schließen lässt, der alle diese Orte verband. Da ferner die Form der Bildwerke, die idealisierte, jugendliche Wiedergabe der Gesichter und die breiten Krägen unzweifelhaft an das Aussehen von Mumien und osiridenhaft (s. S. 31) dargestellten Gottheiten erinnert, geht man kaum fehl, die Büsten als Bindeglieder zwischen Lebenden, Toten und Gottheiten aufzufassen.

Stärker personalisiert waren die Bilder von Toten auf kleinen Stelen, die man nicht nur in Kapellen, Gräbern und Tempeln, sondern wiederholt auch in Häusern gefunden hat. Inschriften bezeichnen die Dargestellten als *3ḫ iqr ny Rʿ*, «machtvoller Verklärter, gehörig zu(m Sonnengott) Re», und geben auch den Namen des «Verklärten» an, der vor einem Opfertisch sitzend, den Stiel einer Lotuspflanze in der Hand zu sehen ist.

Eine auch nur annähernd ausreichende Beschreibung des Bildschmucks von altägyptischen Möbeln und häuslichem Gerät würde ein eigenes Buch füllen. Hier sei nur auf zweierlei hingewiesen: Einmal ist daran zu erinnern, dass – wie überhaupt im Altertum und noch lange danach im mediterranen Bereich – die Möblierung von Räumen äußerst spärlich und auf das Nötigste beschränkt war. Vor allem waren Hocker, Stühle, Betten und Kästen aller Art in Gebrauch. Tische wurden zumeist nur wenn benötigt bereitgestellt. Der Luxus beschränkte sich auf die verwendeten Materialien: Importiertes Holz, Elfenbein, Fayence- und Halbedelsteineinlagen sowie die Vergoldung bestimmter Teile weisen auf königlichen oder elitären Besitz hin. Hinzu kam wohlüberlegtes Design, das – typisch ägyptisch – vor allem Embleme und Hieroglyphen des Wohlergehens und der Macht verwendete.

Sodann ist es ein Merkmal aller altägyptischen Möbel, dass Tierfüße und -beine den natürlichen Vorgaben folgen: Alle Löwen- und Stierbeine an der Vorderseite eines Bettes oder Stuhles haben die Form der Vorderbeine des betreffenden Tieres, alle hinten angebrachten Beine sind als Hinterbeine gestaltet. Die genaue Beobachtung der Natur, diese Grundeigenschaft der Niltalbewohner, zeigt sich auch in derartigen Einzelheiten.

Schließlich sei noch eine Gattung von Bildwerken genannt, die zwar nicht auf eine Aufstellung in Häusern beschränkt, aber in ihrem oft körpernahen Charakter eng mit dem häuslichen Leben verbunden war: Es handelt sich um kleinformatige, tragbare Werke, die zum zeitweiligen Gebrauch in Ritualen und magischen Handlungen geschaffen wurden. Während ihrer Ruhezeit wurden sie in Säckchen, Körben und Kästen aufbewahrt, und gelegentlich trug man sie auch mit sich herum. Verwandt damit sind die allerkleinsten Bilder, Amulette, die mit Aufhängevorrichtungen versehen am Körper getragen wurden und dann auch ihren Weg mit der Mumie ins Grab fanden.

Die Herstellung der erwähnten kleinformatigen Bildwerke geht weit in die Frühgeschichte der Menschheit zurück, und der Archäologe trifft auf sie meist in Hortfunden oder in Gräbern; denn indem man sie an heiligen Orten oder neben den Toten versteckte oder niederlegte, verließen sie den wechselnden Gebrauch im täglichen Leben. Auch wurden viele derartige Bildwerke bereits zu dem Zweck hergestellt, als Votivgabe zu dienen, und Tempelbilder belegen, dass das Überreichen – dann oft kostbar ausgestalteter – kleiner tragbarer Bildwerke selbst im hochoffizellen Umgang des Pharao mit den Göttern zumindest im späteren Neuen Reich einen Platz hatte.

Ein Beispiel mag zeigen, in welcher Weise solche kleinformatigen Bildwerke im persönlichen Leben der Menschen und im Bereich des Hauses eine Rolle spielten. Während der Grabungen, die Howard Carter und Lord Carnarvon in der Zeit vor ihrer spektakulären Entdeckung des Tutanchamun-Grabes durchführten, wurde in einem Grab in der Asasif-Nekropole in Theben-West ein ovaler Korb gefunden, der die Materialien und Instrumente eines Schreibers aus dem frühen Neuen Reich enthielt. Neben einem Holzfutteral für Schreibbinsen, einem Tintenfass und anderen Schreibutensilien enthielt das Bündel auch eine nur wenige Zentimeter hohe Figur eines Pavians, die noch extra in ein abgerissenes Stück Leinen eingewickelt war. Der Fund bringt uns das Bild des altägyptischen Schreibers vor Augen, der sich mit gekreuzten Beinen auf den Boden setzt und seine Geräte hervorholt. Das Tintenfass wird aufgestellt, die Farben mit Wasser vermischt, die Schreibbinsen werden an den Spitzen angekaut, sodass sie die Gestalt kleiner Bürstchen annehmen. Und dann – bevor die Arbeit beginnt – wird die Pavianfigur ausgewickelt und ebenfalls vor den Schreiber hingestellt. Die Bedeutung dieser letzten Handlung ist klar: Der Pavian vertritt Thoth, den Gott des Schreibens und Rechnens, der Himmelsbeobachtung und des Kalenders, den Führer der Toten und Vorstreiter des Sonnengottes. Mit der kleinen Figur ist dieser Gott nun bei dem Tun des Schreibers anwesend.

Die Figur aus der Asasif-Nekropole ist durchaus einfach gestaltet. Das Hocken des Pavians, seine Mähne und der hundsge-

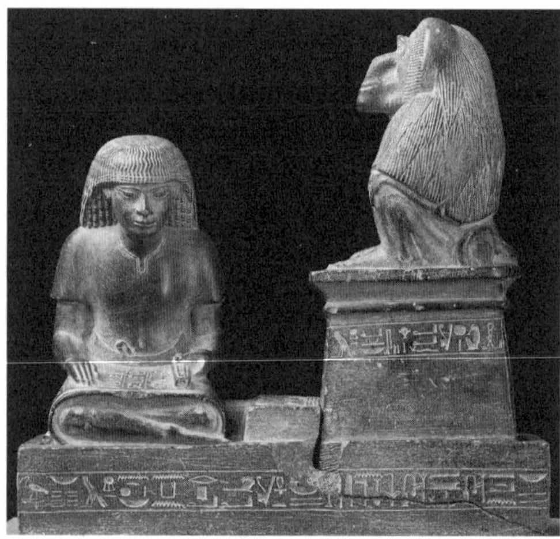

3 Gruppe des Schreibers Nebmerutef und des Gottes Thoth, 18. Dynastie, Amenophis III., Grauwacke, Musée du Louvre, Paris

staltige Kopf sind mit wenigen eingravierten Strichen gekennzeichnet. Etwa hundert Jahre später wurde dann eine Reihe feinst ausgearbeiteter Bildwerke geschaffen, die in keinem Überblick über die ägyptische Kunst fehlen dürfen. Es handelt sich um Figurengruppen aus dunklem Hartgestein (zum Beispiel Grauwacke oder Serpentin) oder aus ägyptischem Alabaster (Travertin, Kalzit). Auf einer flachen, rechteckigen Basis sitzt ein Schreiber mit untergeschlagenen Beinen am Boden, auf dem Schoß einen teilweise aufgerollten Papyrus, in dem er entweder liest (Abb. 3) oder auf dem er schreibt. Neben ihm hockt der Pavian des Gottes Thoth auf einem kleinen Schrein – oft so, dass man meinen könnte, der Gott diktiere dem Schreiber. Es ist eine Konstellation der Nähe eines Sterblichen zu einer Gottheit, wie sie selten in der ägyptischen Kunst dargestellt wurde. Die Figurengruppen sind ca. zwanzig Zentimeter hoch.

Zwei dieser kleinen Kunstwerke wurden in Privathäusern in Amarna gefunden, Hinweis genug, dass es sich nicht (wenigstens nicht bei allen) um Votivgaben an die Gottheit in einem Heiligtum handelte. Vielmehr haben hier Schreiber – und das heißt in Ägypten: Verwalter und zum Teil hohe Beamte – die kleinen Werke persönlich besessen, zweifellos in dem Wunsch, sich des Schutzes der Gottheit zu versichern. Die Tragbarkeit der Figurengruppen wird schon allein dadurch deutlich, dass die in Amarna gefundenen Exemplare stilistisch der Vor-Amarna-Zeit anzugehören scheinen. Die Objekte waren also von einem anderen Ort nach Amarna mitgenommen worden.

2. Paläste

Paläste von lokalen Notablen, von Gouverneuren, Königen und Angehörigen des Königshauses waren in sehr vielen Fällen lediglich vergrößerte Versionen der Wohnhäuser der Elite. Die Höfe waren in den Palästen größer und zahlreicher, Hallen mit vielen Säulen wurden eingefügt, aber die Grundzüge eines nach außen abgeschlossenen, auf das Innere konzentrierten Baus blieben weitgehend erhalten. Gleichzeitig machte sich allerdings ein Zug zu einer axialen Gestaltung, also zur Hintereinanderreihung von Räumen entlang einer Achse, zumindest in Teilkomplexen der Palastgebäude bemerkbar. Das zugrundeliegende Erlebnis eines Weges kommt eindrücklich in der Beschreibung eines Palastbesuches aus der 12. Dynastie zum Ausdruck. Sinuhe kehrt aus dem Exil zurück und hat als Erstes eine Audienz bei Sesostris I. in dessen Palast in Itjtaui (Lischt). «Ich berührte mit der Stirn den Boden zwischen den Standbildern [Richard Parkinson übersetzt: «Sphingen»]», erzählt der fiktive Autor der Sinuhe-Geschichte. «Die Königskinder standen im Tordurchgang bei meinem Nahen, die Hofbeamten, die zum Thronsaal geleiten, führten mich auf dem Weg zur Audienz. Ich traf seine Majestät auf dem großen Thron an, in der goldenen Nische.» (Übersetzung Erik Hornung)

Erhaltene Paläste aus der Zeit dieses Textes und noch aus der 18. Dynastie weisen allerdings axiale Strukturen nur streckenweise auf. Im Ganzen herrschte wie bei den Häusern die immer wieder «geknickte» Achse vor, oder es wurden zumindest die Türen hintereinander liegender Räume versetzt angeordnet. Erst der Grundriss des Palastes von Merenptah, einem König der 19. Dynastie, und anderer Paläste, die meist allerdings an Totentempel angegliedert waren und daher zu einem guten Teil nur zeremonielle Funktionen hatten, besaß eine axiale Raumanordnung. Doch selbst in diesen Fällen gab es offenbar noch Vorbehalte. So steht zum Beispiel der Thron des Königs im Zeremonialpalast Ramses' III. in Medinet Habu nicht im axial zugänglichen Säulensaal, sondern in einem rückwärtigen kleinen Raum, den Blicken und dem direkten Zugang vom Säulensaal her entzogen. Im Grunde scheint das Bestreben vorgeherrscht zu haben, den Pharao (oder seinen Vertreter) wie ein Götterbild den Blicken und dem Zugriff der Außenwelt zu entrücken. Lediglich in seiner direkten Nähe und im Innern der schützenden übrigen Gebäude kamen axiale Teilstrukturen stärker ins Spiel.

Der sterblichen Menschheit enthoben waren auch Paläste, die man auf in Kasemattenbauweise hergestellten Plattformen errichtete. Der zum großen Teil in der Regierungszeit von Apries, einem König der 26. Dynastie, erbaute Palast von Memphis stand – wie vielleicht schon seine Vorgängerbauten im Neuen Reich – auf einer solchen Plattform. Und in dem Palast im oberägyptischen Deir el-Ballas aus dem frühen Neuen Reich sind sogar Reste einer auf die Plattform hinaufführenden repräsentativen Treppe erhalten.

Umfangreichere Palastbezirke wie etwa die Anlage Amenophis' III. in Malqata bestanden – nach Art frei gewachsener Siedlungen – aus separaten Gebäudegruppen, deren Beziehung zueinander anscheinend nicht oder nur locker einer umfassenden Planung unterworfen war. Ähnliches kann von jenem frühen Bezirk gesagt werden, den viele Ägyptologen für die steinerne Wiedergabe der Königsresidenz des Djoser (3. Dynastie) halten: den Gebäuden um die Stufenpyramide von Saqqara. Innerhalb einer Umfassungsmauer, die wohl eine Stadtmauer aus Lehmziegeln darstellt und mit Nischen sowie einem bastionsartig vorspringenden Eingang versehen ist, sind verschiedene Gebäudekomplexe locker im Gelände verteilt. Die meisten dieser Komplexe bieten sich als massive Scheinarchitekturen dar oder weisen nur schmale, gleichsam andeutende Innenräume auf. Wenn es sich denn hier wirklich um die Wiedergabe eines Residenzbezirks handelt, so könnten – mit allem nötigen Vorbehalt – neben einer Eingangshalle die folgenden Gebäudekomplexe identifiziert werden: 1) ein Wohnpalast des Pharao im Norden der Pyramide; 2) imposante Warenmagazine im Westen, welche die wirtschaftliche Bedeutung des Königtums unübersehbar zur Geltung bringen; 3) Gebäude für die Verwaltung der beiden Landesteile (Ober- und Unterägypten) im Nordosten; und 4) im Osten der Pyramide eine umfängliche Anlage, in der das Dreißig-Jahr-Jubiläum des Königs (*Heb Sed*) gefeiert wurde, einschließlich Statuenkapellen für die beim Fest versammelten Götterbilder. Einige der Riten, die bei diesem Erneuerungsfest des Königs durchgeführt wurden, sind in unterirdischen Kammern unter der Pyramide und in einer weiteren unterirdischen Anlage, dem sogenannten Südgrab, in Reliefs dargestellt. Urtümliche Mattenarchitektur ist in diesen unterirdischen Anlagen mit Hilfe grünlicher Fayence-Kacheln wiedergegeben.

Auch die Reste königlicher Gebäude in Amarna bestätigen, dass die vielfältigen Aufgaben des ägyptischen Königs mehr als nur eine Art von Palastgebäude erforderten. In der Tat scheint der König in Amarna von Gebäude zu Gebäude gewechselt zu haben, um seinen vielfachen Rollen gerecht zu werden. Die Ausgräber haben den meisten aufgefundenen Resten in Ermangelung einer klaren Identifikation provisorische Namen gegeben: der «nördliche, am Fluss gelegene Palast» (am ehesten ein Wohnpalast); der «Nordpalast» (der Palast einer der königlichen Frauen?); der «Stadtpalast» (eine Anlage, in der der Pharao unter anderem seine Beamten mit «Ehrengold» belohnte); und der «große Palast» (ein riesiger, tempelartiger Zeremonialbau mit angeschlossenen Magazinräumen und einem kleineren Wohnbereich). Daneben gab es außerhalb der Stadt gelegene Parkanlagen mit Wasserbecken und Kiosken, die den weiblichen Mitgliedern der königlichen Familie gewidmet waren.

Altägyptische Paläste waren reich mit Malereien und auch Skulpturen ausgestattet, ganz zu schweigen von Luxusmaterialien wie Gold, Silber und Bronze sowie den oft unter großen Mühen beigeschafften edlen Steinen und den mit viel Arbeitsaufwand gefertigten Einlagen aus Fayence, die alle als Bauschmuck dienten. Auffallend ist, dass statt der für Häuser typischen Themen der Fruchtbarkeit, des Kinderreichtums, der Geburt und Kinderaufzucht in den Malereien der Königspaläste Darstellungen der Natur (Papyrusdickichte mit Getier, über Pflanzen auffliegende Vögel, springende Rinder) vorherrschen. Auch damit ist zweifellos das Thema der Schöpfung und des sich ständig selbst erneuernden Lebens angesprochen; aber in der Umgebung des Pharao ging es dabei um die alles umfassende kosmische Rolle des Herrschers in der Erhaltung der Schöpfung und des Lebens.

Dreidimensionaler Skulpturenschmuck war vor allem an den sogenannten Erscheinungsfenstern zu finden. Solche «Fenster» ermöglichten es, dass der Pharao vom Palast aus, der ihn im Allgemeinen verbarg, vor einer erwählten Schar von Untergebenen erscheinen konnte, um etwa verdiente Beamte, Offiziere und Generäle mit dem Überreichen von Goldketten (dem «Ehrengold») zu belohnen. Unter den «Erscheinungsfenstern» waren oft Köpfe von Gefangenen aus unterworfenen Nachbarvölkern so in Reihen angeordnet, dass der im «Fenster» erscheinende König auf diese Köpfe zu treten schien: eine Repräsentation des Königs als Erhalter der Weltordnung. Ähnliche Themen wurden in den Kachelverzierungen von Thronpodesten angesprochen.

Im Haupttrakt des «großen Palastes» von Amarna waren – wie übrigens in kleinerem Maßstab bereits in der «Jenseitsresidenz» des Djoser – Reihen von Kolossalstatuen des Königs aufgestellt. Wir wissen nicht, ob man vor diesen Bildwerken Opfer vollzogen hat. Ihre Gegenwart in einer Anlage, die vermutlich zum Zweck der öffentlichen Repräsentation des Königtums gebaut wurde, macht aber deutlich, wie nah ägyptische Paläste an eine Funktion als Königstempel herankommen konnten.

3. Kapellen

Kultkapellen für Statuen sind im Bereich von ägyptischen Häusern, Siedlungen, Palästen, Festungen und Tempeln gefunden worden; ihre Funktion reichte von staatlichen Kulten bis in die persönliche Sphäre der Menschen. Die architektonische Form dieser Kapellen sowie die Art ihrer Eingliederung in den jeweiligen Funktionsbereich variieren stark. In ihrer einfachsten Version sind sie rechteckige Schreine, gerade groß genug, um eine Statue aufzunehmen (Abb. 4). Doch kann ihr Grundriss auch dem von kleineren Tempeln gleichen. Axial angelegt, sind sie dann oft zweigeteilt, mit einem Vorhof und einem Heiligtumstrakt, der in vielen Fällen aus drei parallel angeordneten länglichen Räumen, den Statuenräumen, besteht.

Ursprünglich wurden Kapellen (sogenannte *ka*-Häuser) für den königlichen Statuenkult, der dem gerade herrschenden König galt, vor allem im Umkreis von Göttertempeln errichtet. Doch fanden sich in Amarna Kapellen für den Königskult auch in Verbindung mit Häusern: Bei mehr als dreißig Häusern der Elite und des Mittelstands waren Gärten angelegt, in denen Kapellen mit Statuen des Echnaton, der Königin Nofretete und wohl auch der Prinzessinnen errichtet waren. Reliefierte Stelen, die im Umkreis der Kapellen gefunden wurden, zeigen den König, wie er dem Sonnen- und Lichtgott Aton Opfer darbringt. Über die Stadt verteilt, sorgten solche Kultstellen dafür, dass die Aton-Religion und die Rolle des Königs als Prophet des Gottes überall in der Siedlungsgemeinschaft präsent waren.

Eindrückliche Beispiele von Statuenkapellen im Umkreis von Palästen des späteren Alten Reiches wurden in 'Ayn Asil in der Oase Dachla ausgegraben. Sie waren von Oasengouverneuren als Kultstellen für eigene Statuen und solche ihrer Vorgänger angelegt. Unzweifelhaft spielte dabei der Wunsch nach Herrschaftslegitimation eine nicht zu unterschätzende Rolle. Aber es ist außerdem beachtenswert, dass die frühesten Kapellen von 'Ayn Asil sogleich nach Durchschreiten eines Stadttores anzutreffen waren, das Zugang sowohl in ein Wohn- und Wirtschaftsgebiet wie auch in eine Palastanlage gewährte. An dieser Stelle diente der Statuenkult der verstorbenen und der regierenden Gouverneure ohne Zweifel auch der Begründung eines loyalen Zusammenschlusses von Herrschenden und Stadtbewohnern.

Komplex in Bauform und Funktion war das Konglomerat von Statuenkultkapellen im heiligen Bezirk des Heqaib zwischen Tempelbereich und Siedlung auf der Nilinsel Elephantine bei Assuan an der ägyptisch-nubischen Grenze. Heqaib – sein offizieller Name lautete Pepinacht Tjeni – war am Ende der Regierung von König Pepi II. ein hoher Beamter und Truppenkommandeur. Als solcher leitete er verschiedene Expeditionen nach Nubien, welche die wichtigen Warenimporte aus dem Süden nach Ägypten sicherstellten. Schon bald nach seinem Tod zunächst als eine Art Ortsheiliger verehrt, symbolisierte der «große Mann» im Mittleren Reich nach den Worten des Ägyptologen Detlev Franke eine «große Vergangenheit», an die die Herrscher der 12. Dynastie anzuknüpfen bestrebt waren.

Am Ende des Mittleren Reiches reihten sich acht steinerne Schreine von ungleicher Größe und in ungleichen Abständen an der Innenseite einer dicken Ziegelmauer aneinander, welche ein Geviert umgab. Nur eine kleine Kapelle, die annähernd gegenüber dem Haupteingang in den Bezirk lag, war für eine Statue des Heqaib selbst bestimmt. Diese eigentliche, nicht erhaltene Kultstatue war wohl aus Holz geschnitzt und vielleicht vergoldet. Die steinernen Bildwerke in den anderen Kapellen stellen Angehörige der ägyptischen Oberklasse dar: Verwaltungsbeamte, Bürgermeister und Priestervorsteher oder Männer, die mit der Organisation von Expeditionen zu tun hatten (Abb. 4). Auch ihre Statuen erhielten wie die des Heqaib Opfergaben, aber nur der Heilige selbst wurde bei dem jährlich begangenen Fest für den Gott Sokar aus dem Heiligtum herausgetragen, um in der während des Festes erlebten Geschichte vom Tod und der Wiederauferstehung des Gottes eine bestimmte Rolle zu spielen. Die Würdenträger des Staates, deren Statuen im Umkreis der Heqaib-Figur aufgestellt waren, versicherten sich einerseits durch ihre Gegenwart im heiligen Bezirk des Schutzes des Heiligen für die eigenen Südexpeditionen und ihr Wirken für den Staat überhaupt. Andererseits diente die Anwesenheit ihrer Statuen bei der rituellen Wiedererneuerung des Lebens während der Sokar-Festlichkeiten auch dem Wunsch nach einem Weiterleben nach dem Tod. Da ferner viele der Statuen von Vater, Sohn, Enkel und sogar Urenkel gestiftet wurden, erhielt die Statuenversammlung schließlich auch den Charakter einer Ahnenversammlung.

Im Umkreis von Siedlungen des Neuen Reiches haben sich denn auch mehrfach Kapellenbezirke erhalten, die der kultischen Betreuung namentlich genannter Verstorbener gewidmet waren. Da diese Einrichtungen nicht in direktem Zusammenhang mit Gräbern stehen, liegt es nahe, sie als Stätten des Ahnenkultes zu verstehen. Bänke in den Vorräumen mancher Kapellen weisen überdies darauf hin, dass hier Gemeinschaftsfeiern, wohl von Familien und Siedlungsgenossen, stattfanden. Hinweise auf den Charakter solcher Versammlungen geben Wandmalereien, die neben den geehrten Toten vor allem festliche Blumenkränze und -sträuße zeigen. Wie zumal in thebanischen Gräbern vielfach dargestellt, schufen Festlichkeiten, gepaart mit Blumenduft und Trunkenheit im Dienst der Göttin Hathor, eine Atmosphäre, in der nach altägyptischem Glauben die Lebenden mit den Toten in Verbindung treten konnten.

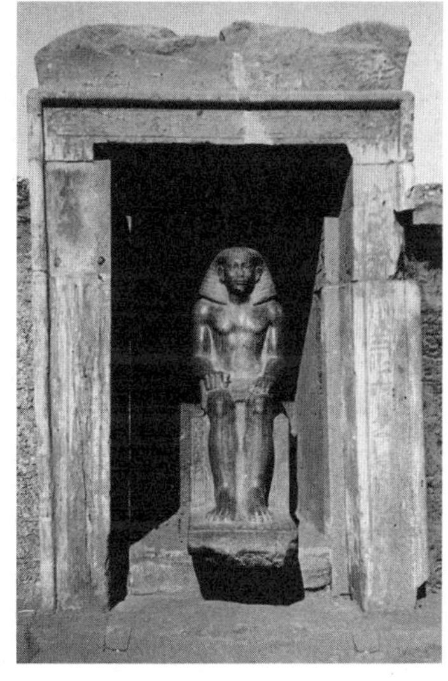

4 Statuenkapelle des Sarenput II. im Heqaib-Heiligtum, Elephantine, 12. Dynastie, Sesostris II. – III., rekonstruiert nach Grabungsbefund

In Kapellen im Umkreis von Siedlungen fanden sich auch Exemplare jener oben beschriebenen kleinen, tragbaren Bildwerke. Aus Deir el-Medina kennt man neben Statuetten, die Verstorbene darstellen, solche des vergöttlichten Ortsgründers Amenophis I. und seiner Mutter Achmes Nefertari sowie die oben beschriebenen Büsten; und in Kapellen in Amarna wurden neben schlichten Figuren des Echnaton und seiner Familie (die in gewissem Sinn auch Ortsgründer waren) zahlreiche einfache Figuren gefunden, die den Hausgeist Bes, die Geburtsgöttin Thoeris, Paviane (Thoth?), Affen (als Vertreter des Sexuallebens?) und andere in der Aton-Religion nicht unbedingt vorgesehene Götter darstellen. Daneben fand man auch kleine Stelen und Steine mit skizzenhaften Bildern, ja sogar aufgesammelte Kieselsteine. Archäologen haben außerdem auf Podesten im Innern der Kapellen Kratzspuren ausgemacht, die von der zeitweiligen Aufstellung sowie der Wiederentfernung von Gegenständen und Bildwerken zeugen, die man als Opfergaben und zur Herbeirufung von Toten und guten Geistern bei zeitlich begrenzten Feierlichkeiten aufstellte und dann wieder entfernte.

4. Tempel

Zu Recht beherrschen im Mosaik von Praeneste (Abb. 7) Tempel die Landschaft Ägyptens. Kein heutiger Reisender wird je die Wucht der Ruinen von Karnak und Luxor oder die Eleganz der Ptolemäertempel von Edfu, Esna oder gar Philae vergessen. Diese steinernen Behausungen der Götter sind zugleich gigantische Lesebücher, in denen über die Jahrtausende hinweg Ägyptens religiöse Vorstellungen und die symbolisch überhöhten Taten der Pharaonen in bemalten Reliefs dokumentiert wurden. Zwei Grundsätze beherrschten – bei allen Verschiedenheiten im Einzelnen – die Planung ägyptischer Tempelarchitektur: Umgrenzung und Axialität. Sie entsprechen der Doppelfunktion des Gotteshauses: das Heilige im Innern zu schützen und einen Weg zum und vom Allerheiligsten zu gewähren – *zum* Allerheiligsten für die den Ritus vollziehenden Priester, *vom* Allerheiligsten für die bei Festen in die Außenwelt getragenen Kultbilder. Dem Ziel der schützenden Abgrenzung dienten ungegliederte Außenmauern, die oft mit Darstellungen von Übel abwehrenden Schlachten geschmückt waren, und geböschte Türme, die den Eingang breit flankierten, sogenannte Pylone (Abb. 10). Darüber hinaus rückten dem Sanktuar vorgelagerte Höfe und Säulenhallen das Tempelinnere auch für denjenigen in die Ferne, der den Pylon durchschritten hatte. Axialität auf der anderen Seite bestimmte den Tempelbau seit frühesten Zeiten, ein Zeichen, dass zwar nicht jeder Laie direkten Zugang zum Göttlichen haben konnte, dass aber die Idee einer Kommunikation zwischen Göttern und Menschen durchaus im Spiel war. Resultat war nicht nur das noch für heutige Besucher (etwa des gut erhaltenen Tempels von Edfu) nachvollziehbare Erlebnis des Wegs von außen nach innen, sondern es boten sich auch Möglichkeiten einer Lichtführung, die das Erlebnis des Heiligen unterstützte. Wenn nach der morgendlichen Öffnung der Türen das Sonnenlicht das Bild des Gottes im Innern des Sanktuars traf, war der Tempel in den Kosmos der Natur einbezogen, wurde aus dem Bauwerk die Welt.

Die dekorativen Elemente des ägyptischen Tempels sind geprägt von der Vorstellung, dass jeder Tempel ein Ort der ständig wiederholten Schöpfung ist. Daher haben Säulen die Form von Pflanzen, an den Decken leuchten gemalte Sterne oder fliegen Geier, und über den Türen steht die geflügelte Sonnenscheibe. Dabei ist dem ägyptischen Verständnis nach jeder Tempel uralt und gleichsam von Anfang an vorhanden gewesen. Das wurde von jedem, der die Räume durchschritt, erlebt, denn der Boden steigt vom äußeren Hof bis zum Sanktuar stetig an: Das Gottesbild ruhte gleichsam auf dem ersten, sich bei Rückgang der jährlichen Überschwemmung aus dem Wasser erhebenden «Urhügel». Daher ist es auch stimmig, dass manche architektonischen Details Elemente frühzeitlicher Matten- und Binsenarchitektur darstellen.

Ein Besuch im in jeder Beziehung überwältigenden Tempel von Karnak oder in dem von Luxor (Abb. 30) zeigt noch heute in Resten, dass ägyptische Tempel zu allen Zeiten ganze Statuenwälder beherbergten. Zusammen mit den Reliefs an den Tempelwänden sorgten die Statuen dafür, dass der Kult auch ohne Anwesenheit von Priestern «in Ewigkeit» vollzogen wurde. Dabei waren Tempel wie der von Karnak immerwährende Baustellen, und jede neue Zeit trug wieder etwas zur Architektur und zum Statuenprogramm hinzu. Gebäudekomplexe wie Statuen datieren daher aus allen Epochen der langen ägyptischen Geschichte, und ihre Funktionen wechselten mit der Zeit. Dagegen wurden die Totentempel auf der Westseite von Theben, die jeweils – zusammen mit dem Gott Amun – dem Totenkult eines bestimmten Königs gewidmet waren, in einem Zug geplant und ausgeschmückt.

Ein gutes Beispiel eines einheitlichen Statuenprogramms in

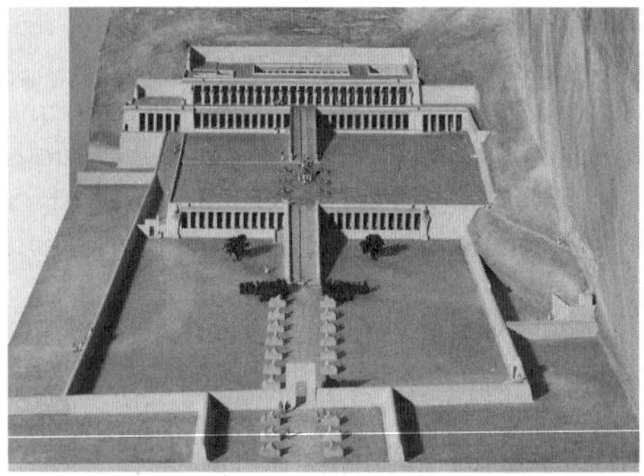

5 Modell des Tempels der Hatschepsut, Deir el-Bahri, Theben-West, 18. Dynastie, Koregentschaft Hatschepsut und Thutmosis III., The Metropolitan Museum of Art, New York

einem ägyptischen Tempel bietet der Totentempel der Hatschepsut in Deir el-Bahri (Abb. 5). Die Bildwerke – von den besten Künstlern der Zeit ausgeführt – wurden schon nach wenigen Jahrzehnten auf Befehl von Hatschepsuts Neffen, Mitregenten und Nachfolger Thutmosis III. abgeräumt, zerschlagen und in einem nahegelegenen Steinbruch deponiert – ein auch nach 3500 Jahren immer noch erschreckender Vorgang, der es aber den Archäologen ermöglicht hat, die Tausende von Fragmenten zu bergen und wieder zusammenzusetzen. Es ergaben sich dabei auch genügend Hinweise auf die ursprünglichen Aufstellungsorte der meisten Statuen innerhalb des Tempels.

Der Zugang vom Taltempel am Rand des Fruchtlands zum direkt unter einem abfallenden Felsen gelegenen Tempel der Hatschepsut geschah über eine mehr als einen Kilometer lange Prozessionsstraße, die auf beiden Seiten von hohen Mauern eingefasst war. Von einer Station auf halbem Wege, einem kleinen Kiosk, bis zum Eingang in den unteren Tempelhof flankierten mehr als hundert Sphingen aus Sandstein die Straße. Sie wandten ihre menschlichen Köpfe mit den offiziellen Gesichtszügen des Pharao dem Mittelstreifen zu, auf dem beim jährlichen Prozessionsfest das im Schrein verhüllte Bild des Amun aus Karnak nach Deir el-Bahri gebracht wurde. Alle Sphingen trugen das königliche *nemes*-Kopftuch (Abb. 27, 30), das während der ganzen ägyptischen Geschichte zur Tracht sowohl männlicher wie weiblicher Pharaonen gehörte. Zwölf bis vierzehn weitere

Sandsteinsphingen säumten den Prozessionsweg im ersten dem Tempel östlich vorgelagerten Hof; doch trugen sie entweder das weich gerundete rituelle *chat*-Kopftuch oder eine dreigeteilte weibliche Perücke. Die Basen der Sphingen entlang der Prozessionsstraße waren in versenktem Relief (s. S. 57) mit Darstellungen der Göttinnen des Westens und des Ostens geschmückt, welche Reihen von Gefangenen vorführten. Reihen von Namen unterworfener Feinde waren auch auf der Basis einer über vier Meter langen Sphinx aus Granit angebracht, die ihren Platz im Bereich des ersten Hofes gehabt haben muss. Die Unterwerfung von Feinden hatte nach alter Tradition einen festen Ort auf Außenmauern von Tempeln und im Dekor von Aufwegen – das Heilige musste geschützt werden.

Am Ende der Sphingenallee im äußeren Hof flankierten zwei T-förmige Becken mit Papyruspflanzen den Weg, bevor der Prozessionszug zwischen den Reliefs zweier aufgerichteter Löwen die erste der aufsteigenden Rampen des Terrassentempels betrat. Zu beiden Seiten dieser Rampe waren Säulenhallen mit Pfeilerfronten angelegt, auf deren Rückwänden der weibliche Pharao und ihr Mitregent, der junge Thutmosis III., dem Gott Amun Opfer darbringen. Am Süd- und Nordende der beiden Hallen standen kolossale königliche Bildnisse der Hatschepsut in jener an eine gewickelte Mumie erinnernden Form, die am besten von Darstellungen des Unterweltsgottes Osiris bekannt ist; Ägyptologen nennen solche Statuen daher Osiriden. Ob sie – und wenn ja, in welcher Weise – als Tempelstatuen in der Tat etwas mit Osiris zu tun hatten, bleibt offen. In Deir el-Bahri übten die mit der Architektur fest verbundenen Skulpturen mindestens zum Teil eine Schutzfunktion aus.

Der mittlere Hof, zu dem die erste Rampe führt, ist zweigeteilt. In der hinteren Hälfte, zu beiden Seiten der weiter nach oben führenden zweiten Rampe, war das Pflaster erhöht. Raum für einen auf beiden Seiten von Statuen eingefassten Weg bot daher lediglich die vordere Hälfte des Hofes, und die Planer des Skulpturenschmucks für den Tempel haben diese Möglichkeit grandios genutzt. Acht kolossale Statuen des weiblichen Pharao standen hier einander gegenüber. Sechs waren aus Rosengranit

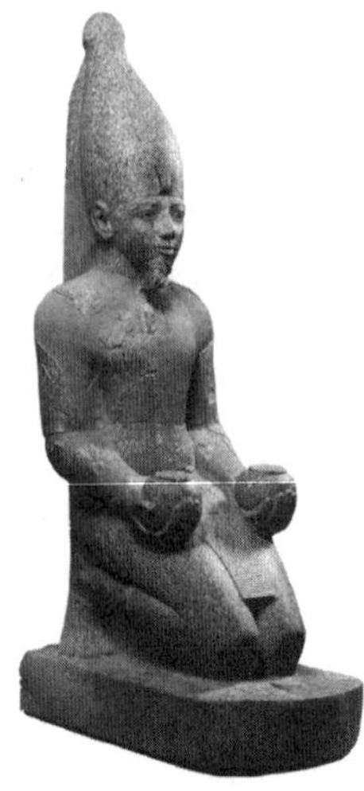

6 Statue der knieenden Hatschepsut, 18. Dynastie, Granit, The Metropolitan Museum of Art, New York, Rogers Fund, 1930

gefertigt (Abb. 6), zwei aus dem fast schwarzen Granodiorit. Alle acht Statuen stellten Hatschepsut in ihrer Funktion als oberster Priester des Landes dar. Als solcher ist sie im königlichen Lendenschurz und mit nacktem, männlichem Oberkörper zu sehen, obgleich in den Inschriften auf den Statuen die weiblichen grammatikalischen Formen vorherrschen. Der zur Darstellung gewählte Statuentyp war bereits im Alten Reich bekannt. Er zeigt die Herrscherin auf einer vorne abgerundeten Basis kniend. In jeder der auf den Schenkeln ruhenden Hände hält sie einen kugelförmigen Krug, der mit Wasser, Milch oder Wein gefüllt zu denken ist. Die erhaltenen Inschriften auf zwei der Basen besagen, dass Hatschepsut «dem Amun frische Pflanzen» darbringt und «dem Amun Maat» opfert. Die letztere Inschrift betrifft eine der wichtigsten Aufgaben jedes Pharao: die Aufrechterhaltung der Maat, der ausgewogenen Ordnung und Gerechtigkeit, in der Welt. Im Geben und Nehmen des Opfers offenbart sich, dass diese königliche Aufgabe in Beziehung zur Gottheit stand.

Auf der obersten Terrasse erschien Hatschepsut nochmals in priesterlicher Funktion: Zwei Standbilder – ebenfalls männlich in Kleidung und Körperform – flankierten in Adorantenhaltung (beide Hände lagen flach vorne auf dem Schurz) entweder den Eingang in den hinteren Tempelbereich oder den dann folgenden Eingang ins Sanktuar. Eine Reihe von Kniefiguren in kleinerem Maßstab, die sich im inneren Hof (dem Hof auf der obersten Terrasse) befanden, nahm das Thema der kolossalen Kniefiguren des zweiten Hofes nochmals auf. Allerdings trug Hatschepsut in diesen unterlebensgroßen Skulpturen das rituelle *chat*-Kopftuch und offerierte dem Gott Amun Spenden in weniger

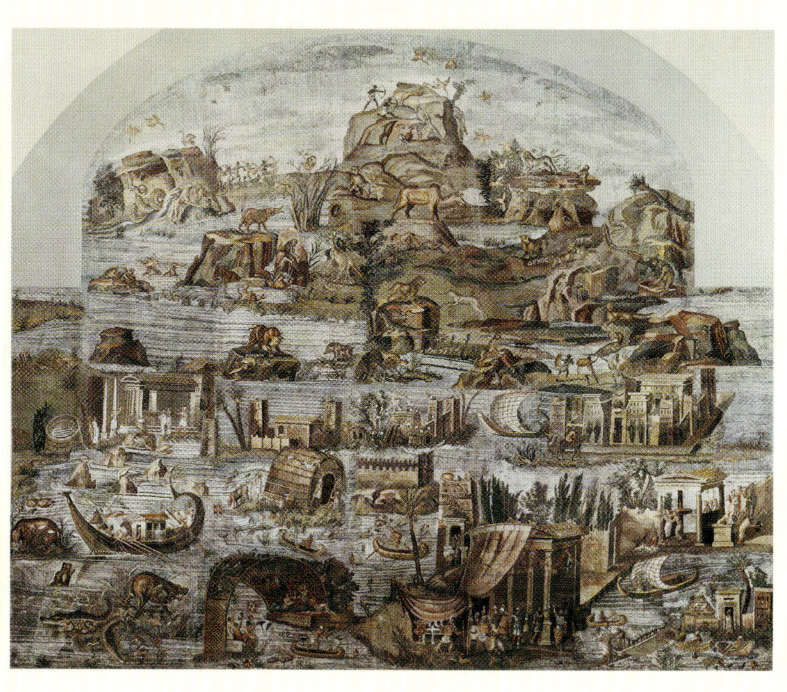

7 Nilmosaik aus Praeneste, spätes 2. oder frühes 1. Jh. v. Chr., Archäologisches Nationalmuseum, Palestrina

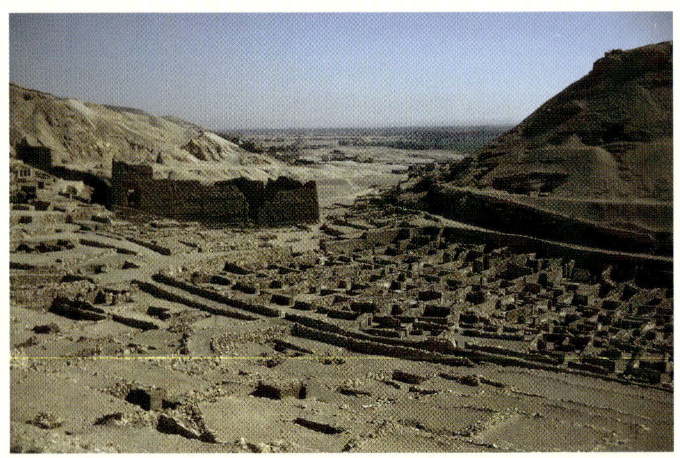

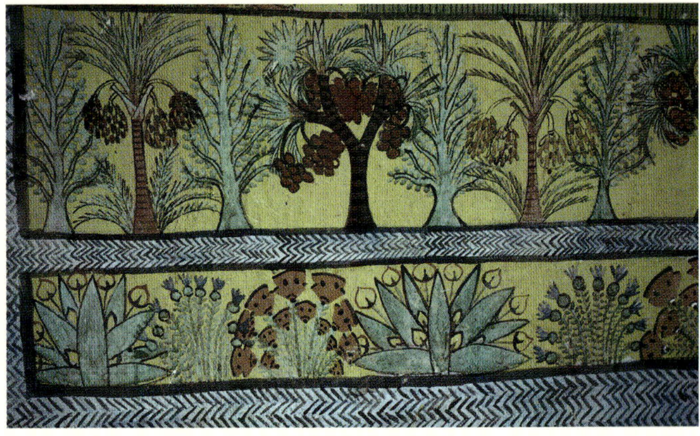

8 Dorf und Tempel, Deir el-Medina, Theben-West, Neues Reich, umwallter Tempel ptolemäisch, dahinter Tempel des Neuen Reiches, am linken Rand Votivkapellen, im Vordergrund Gräber

9 Palmenhain, Detail aus Malerei im Grab des Sennedjem, Deir el-Medina (TT 1), Theben-West, 19. Dynastie, Ramses II.

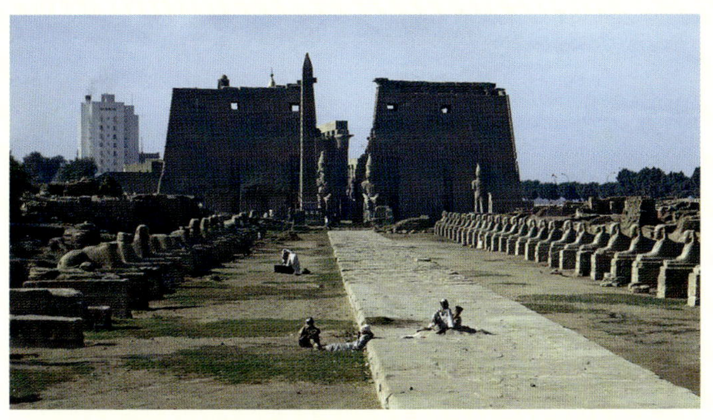

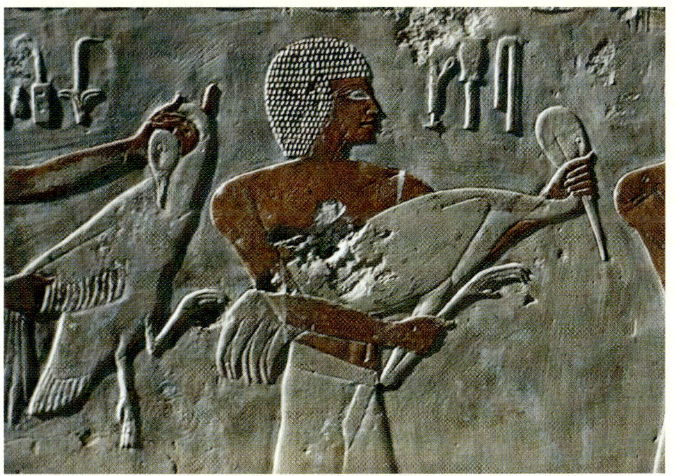

10 Sphinxallee (30. Dynastie, Nektanebos I.) und Pylon mit Obelisk und Statuen (19. Dynastie, Ramses II.), Luxor-Tempel, Luxor

11 Opferträger mit Reiher und Gans, bemaltes Kalksteinrelief aus dem Tempel der Hatschepsut, Deir el-Bahri, Theben-West, 18. Dynastie, Koregentschaft Hatschepsut und Thutmosis III.

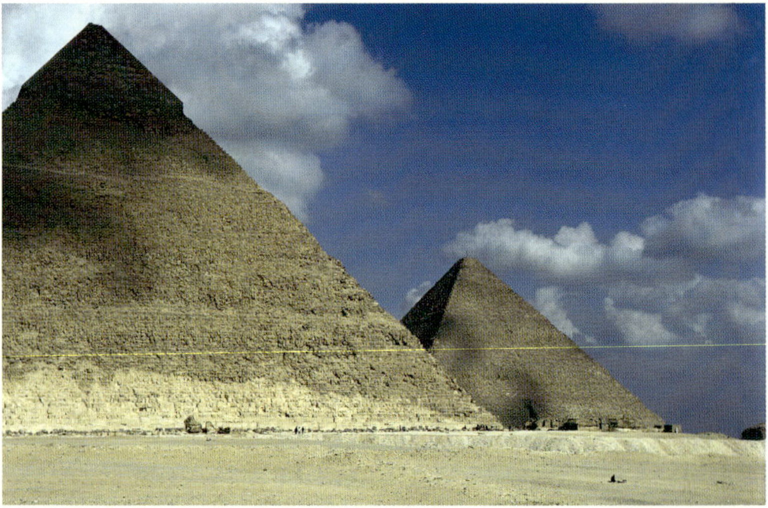

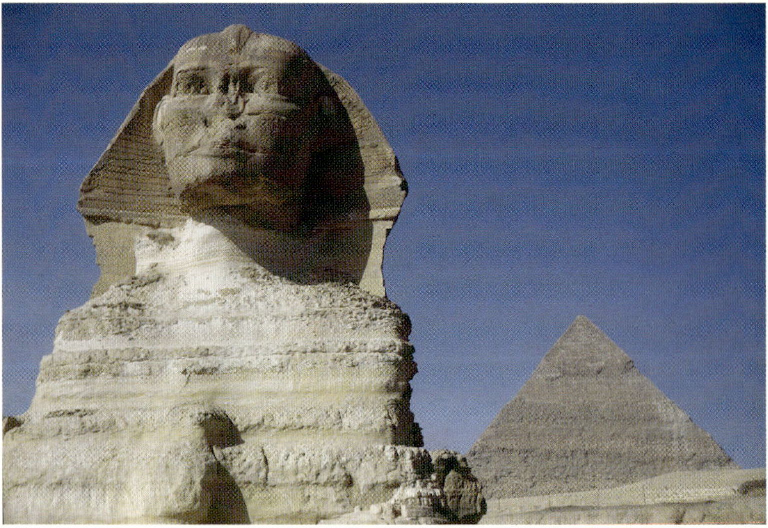

12 Pyramiden des Chephren (Vordergrund) und des Cheops, Giza, 4. Dynastie
13 Große Sphinx des Königs Chephren, Giza, 4. Dynastie

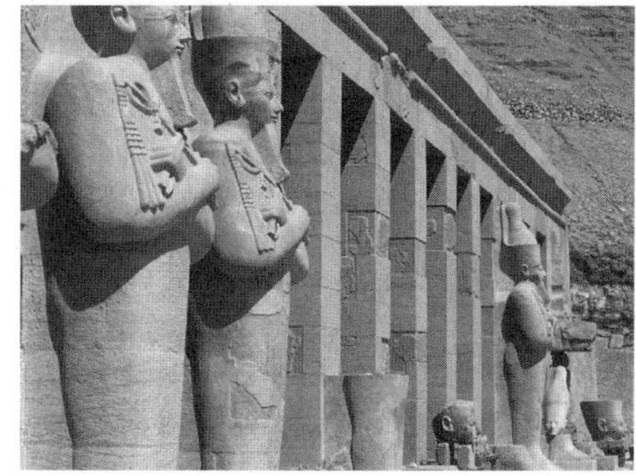

14 «Osiriden» an den Pfeilern der obersten Terrasse des Tempels der Hatschepsut, Deir el-Bahri, Theben-West, 18. Dynastie, Koregentschaft Hatschepsut und Thutmosis III., Kalkstein

kugeligen Gefäßen, an denen vorne das Symbol für Bestand und Dauer, ein sogenannter *djet*-Pfeiler, befestigt ist. Im Übrigen herrschten im oberen Hofbereich zwei Statuentypen vor: Osiriden und Sitzbilder.

Zwei kolossale Osiriden flankierten die oberste Tempelfront, die vom mittleren Hof aus zu sehen ist. Sie besteht aus einer Pfeilerhalle, und vor den Pfeilern standen, mit diesen eine architektonische Einheit bildend, in langer Reihe weitere Osiriden (Abb. 14). Südlich der Mittelachse des Tempels trugen diese Osiriden jeweils die «weiße» oberägyptische Krone, auf der Nordseite die Doppelkrone, in der die schwer in Stein darzustellende «rote» unterägyptische Krone eingeschlossen ist. Sesostris I. hatte am Beginn des Mittleren Reiches in Karnak wohl als erster eine solche Osiriden-Pfeilerfront errichten lassen; sie war dort dem Heiligtum des Amun schützend vorgeblendet. Und am Anfang des Neuen Reiches hatte Hatschepsuts Vater Thutmosis I. dieses Motiv – wiederum in Karnak – nochmals aufgenommen. Nun antwortete die Osiriden-Pfeilerhalle von Deir el-Bahri denen von Karnak auf der Westseite des Nils: Dazwischen lag der Weg der großen Prozession des Amun-Bildes.

Weitere Osiriden standen im Hatschepsut-Tempel in Nischen entlang der Westwand des innersten Hofes. Die Darstellungen an den Seitenwänden der Nischen erklären, was hier vorgeht: Die wichtigsten Götter Ägyptens (Horus, Schu, Atum, Re-Harachte, Month etc.) besuchen den Pharao. Es ist dies ein sehr altes Thema, dessen Wiedergabe in einem bestimmten Raum (dem sogenannten *antichambre carée*) der Pyramidentempel des Alten und Mittleren Reiches Tradition gewesen war. Neu ist in Deir el-Bahri, dass Osiridenstatuen in der Darstellung dieses Themas als Empfänger der Götterbesuche auftreten.

Vier Osiriden umstanden schließlich den Sockel im Sanktuar des Tempels, auf dem der Barkenschrein mit dem Kultbild Amuns auf dem Höhepunkt der Prozessionsfeiern über Nacht aufgestellt war. Der Pharao, in dieser seiner Stellung durch den Besuch der Götter im Hof neu legitimiert, behütete das Amun-Bild in dessen Barkenschrein während der Nacht. Rings um den Tempelbezirk feierten in dieser Nacht die Familien vor den Gräbern ihrer Vorfahren.

Das Amun-Bild war jedoch nicht das einzige Kultbild im Tempel. Wir wissen nicht, wo man die beiden anderen von Karnak herübergetragenen Bilder der Mut und des Chons aufbewahrte. Aber es ist klar, dass Götterbilder sowohl in den sechs Nischen entlang der Wände des Sanktuarraums wie auch im inneren Hof in den tiefen Nischen zwischen denen mit Osiriden ihren Platz gehabt haben müssen. Hinzu kamen Bilder des Gottes Anubis in einer Kapelle, die man vom nördlichen mittleren Hof aus betrat, und Bilder der Hathor in ihrem Tempelbereich im Süden des mittleren Hofes. Mehrere Sitzbilder der Hatschepsut waren ebenfalls Empfänger von Opfergaben (Abb. 11). Das wohl eindrucksvollste Bildwerk dieser Art ist die Sitzstatue aus marmorartigem, hartem Kalkstein (heute im New Yorker Metropolitan Museum), bei der dem Bildhauer eine einmalige und völlig natürlich wirkende Kombination von männlichen und weiblichen Körperformen gelungen ist, gekrönt von dem Katzengesicht einer ganz jungen Frau.

Unter den Resten von Statuen, die einst im Tempel von Deir el-Bahri standen, wurden schließlich auch Fragmente eines Sitzbildes von Hatschepsuts Amme gefunden, auf deren Schoß eine kleine Figur des weiblichen Pharao (männlich dargestellt) sitzt. Wo genau im Tempelbereich dieses Bild einer nicht-königlichen Person aufgestellt war, wissen wir nicht. Es handelt sich dabei wohl kaum um eine kultempfangende Statue im vollen Sinne, sondern eher um die Wiedergabe einer privilegierten Person, die an den rituellen Vorgängen teilzunehmen wünschte. Solche Statuen waren spätestens vom Mittleren Reich an in allen Tempeln Ägyptens in größerer Zahl zu finden, und die Besucher verstanden sie offenbar als Vermittler, die ihre Wünsche an die Gottheit weiterleiten konnten, genauso wie im praktischen Leben ein Beamter oder bevorzugter Höfling als Mittler zum König fungieren konnte.

5. Pyramiden und Gräber

Am Ende seines erlebnisreichen Lebens berichtet der Ägypter Sinuhe, dem wir bereits begegnet sind: «Ein Steingrab wurde mir errichtet im Pyramidenbezirk. Der Oberbaumeister der Pyramide hob (persönlich) das Fundament aus (?), der Oberzeichner malte in ihm, der Oberbildhauer meißelte in ihm, der Bauleiter der Nekropole kümmerte sich darum. Die gesamte Ausstattung, die zu einem Grab gehört, wurde bereitgestellt [...] Meine Grabstatue war mit Gold überzogen, ihr Schurz aus Weißgold, Seine Majestät gab sie (persönlich) in Auftrag [...]» (Übersetzung Erik Hornung).

In der Tat war der Bau und die Ausstattung des eigenen Grabes ein Hauptanliegen jedes nur einigermaßen begüterten Ägypters; und königliche Gunst zeigte sich vor allem in Zuweisungen für das Grab des Begünstigten und die Fortdauer des Kultes in ihm. Wenn daher heute vor allem Grabbauten und Grabausstattungen der alten Ägypter von den Leistungen dieses Volkes zeugen, so liegt dies nicht nur an der klimabedingten guten Erhaltung der Gräber am Wüstenrand und an deren leichteren Zugänglichkeit für die Archäologen, sondern ist durchaus auch eine Folge des Stellenwertes, den eine ganze Zivilisation ihren Gräbern zumaß.

Ob man die Pyramiden Ägyptens zum ersten oder zum hundertsten Mal sieht, ihr Eindruck bleibt überwältigend (Abb. 12). Von Menschenhand geschaffen, wirken sie doch wie Naturerscheinungen. Auffallend ist vor allem die Dreidimensionalität dieser von dem antiken Dichter Antipater von Sidon «Berge von Menschenhand» genannten Monumente. Besonders wenn sie, wie so oft, in Gruppen zusammenstehen, verleiht ihre Körperlichkeit der Landschaft um sie herum Tiefe und Weite. Ähnlich dreidimensional sind auch die Gräber der ägyptischen Oberschicht, die Mastabas (von dem arabischen Wort für «Bank»). In Reihen angeordnet, durch gerade, rechtwinklig zueinander verlaufende Straßen getrennt (Abb. 15) oder locker im Gelände verteilt, umgeben diese Stein«bänke» mit geböschten Seitenwänden die königlichen Monumente und prägen so den Pyramidenbezirk mit, in den auch das Grab des Sinuhe zu seiner offenkundigen Zufriedenheit eingegliedert wurde.

Worauf beruht die erstaunliche Körperlichkeit der ägyptischen Grabarchitektur? Man könnte meinen, der Eindruck habe damit zu tun, dass sowohl Pyramiden als auch Mastabas nicht eigentlich Bauwerke sind, sondern massive Steinkörper mit wenig Hohlraum im Innern. In der Tat sind sie ursprünglich eher Skulpturen als Gebäude gewesen; und der lebende Betrachter sieht sie vor allem von außen, so wie Lebende eben die Welt des Todes von außen sehen. Inschriften auf Außenseiten von Mastabas des Mittleren Reiches zum Beispiel richten sich an den Toten mit den Worten: «Du sollst heraustreten im nördlichen Torweg und dort stehen als ein Großer» (nach der Übersetzung von James P. Allen). Damit ist klar ausgedrückt: Der Tote ist in einer anderen, für Lebende nicht erreichbaren Welt und nur, wenn er (oder sie) – vertreten durch ein Bild – aus dem Grabbau herauskommt, wird er (sie) ansprechbar für die Lebenden.

Bildwerke waren weder im Innern noch an den Eingängen von Pyramiden aufgestellt, und auch Reliefschmuck ist eigentlich nicht anzutreffen. Einzig Texte wurden seit der späten 5. Dynastie an den Wänden von Sarkophagkammern und diese umgebenden Räumen angebracht. Ihr «zentrales Thema», schreibt die Ägyptologin Miriam Lichtheim, «ist die Wiederauferstehung des toten Königs und sein Aufstieg zum Himmel». Das macht auch verständlich, warum die Zugänge zu den Grabkammern in den Pyramiden fast immer einen beträchtlichen Anstieg aufweisen. Die Sarkophagkammer wurde dann im späteren Alten Reich auch mit gemalten Darstellungen geschmückt, welche die Fassade der königlichen Residenz zeigen, ein Motiv,

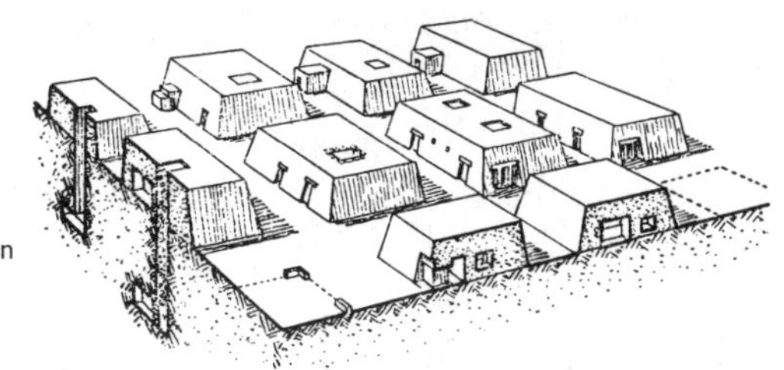

15 Schematisierte Ansicht eines Teils des Mastabafelds von Giza, 4. Dynastie (Zeichnung Alexander Bedawy)

das auch in den skulptierten Außenseiten der großen Sarkophage von Angehörigen der Elite und manchen Pharaonen anklingt. Bilder von lebendigen Wesen haben im Umkreis der Mumie des Pharao jedoch keinen Platz.

Zur weitgehenden Bilderlosigkeit der Pyramiden kam die Tatsache hinzu, dass die frühen Stufenpyramiden und die Mehrzahl der frühesten «echten», d. h. glattwandigen Pyramiden alleinstehende Monumente waren. Lediglich Altäre in kleinen Umfriedungen oder Kapellen im Zentrum der Ostseite, die von einem Stelenpaar mit dem Namen des königlichen Besitzers flankiert waren, boten Gelegenheit zu kultischen Handlungen. An Stufenpyramiden ohne Grab, wie sie auf der Insel Elephantine und an einigen anderen Orten in der 3. Dynastie (vielleicht als Repräsentanten des Pharao) entstanden, wurden Opfergaben direkt vor der Pyramide niedergelegt. Erst am Anfang der 4. Dynastie begann man, aufwendigere Bauten zur Kultausübung mit den Begräbnispyramiden zu verbinden. So entstand unter König Snofru zunächst ein in einigem Abstand von seiner «Knickpyramide» gelegener Statuentempel, dann der an die sogenannte rote Pyramide im Osten angeschlossene Pyramidentempel; ein solcher Tempel sollte von da an zum festen Bestandteil jedes Pyramidenbezirks des Alten und Mittleren Reiches werden.

Zu den ersten Kultbauten bei Pyramiden gesellten sich schnell weitere Elemente, und es entstand ein architektonisches Ensemble, wie es dann durch die gesamte Geschichte des königlichen Pyramidenbaus hindurch bestimmend blieb. Da war zunächst einmal der sogenannte Taltempel, eine Art Anlegestelle

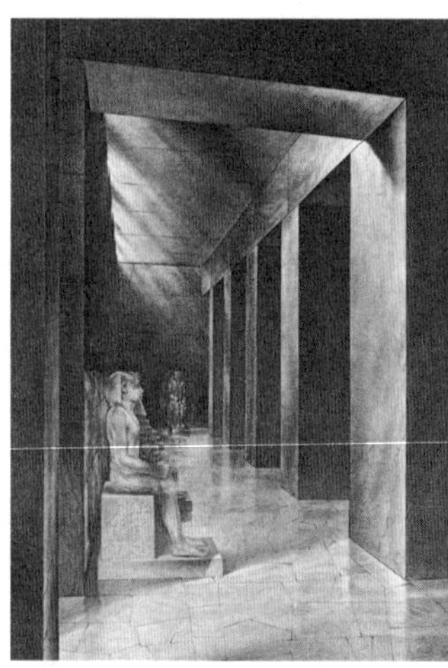

16 Rekonstruktion der Halle im Taltempel des Chephren mit Statuen des Königs, Giza, 4. Dynastie (Zeichnung A. Bollacher nach U. Hölscher)

am Rand des Fruchtlandes, oft wohl direkt an einem Kanal oder gar einem Hafen gelegen, sodann der vom Taltempel zum Pyramidentempel führende Aufweg und schließlich der Pyramidentempel selbst. Mit diesen Bauten aber kamen die Bildwerke. In Taltempeln wie Pyramidentempeln wurde eine Fülle von Statuen des Königs errichtet. Sitzfiguren waren zum Beispiel im Taltempel des Chephren in Giza in Reihen aufgestellt (Abb. 16), und Standbilder, die den König mit der Göttin Hathor und verschiedenen Gaugöttern zeigten, wurden für den Taltempel des Mykerinos geschaffen (Abb. 25). Ob jeder dieser Statuen oder Statuengruppen ein regelrechter Kult gewidmet war, bleibt unklar. Möglich ist, dass eine litaneihafte Vielfachpräsenz vor allem den Zweck hatte, die Wirkungskraft der königlichen Gegenwart verstärkt zum Ausdruck zu bringen. Hauptkultempfänger in den Pyramidentempeln waren je fünf, wohl meist als Sitzbilder gestaltete Statuen des Königs in den zentral gelegenen Kapellen hinter dem Säulenhof. Diese Kapellen waren, wenn kein Kult stattfand, wie Schreine in Göttertempeln mit Holztüren verschlossen.

Die Wände von Taltempeln, Aufwegen und Pyramidentempeln boten zudem viel Raum für Reliefdarstellungen, und die Designer und Skulpteure machten ausgiebig Gebrauch von diesem Angebot. Opferzüge, die Unterwerfung von Feinden, Flussfahrten mit Obeliskentransport, Jagden des Königs in Marsch und Savanne, die Rückkehr der Mittelmeerfahrer aus der Levante, Götterbesuche und Festveranstaltungen sind nur einige der Themen aus der reichen Bilderwelt, die sich hier ausbreitete zur Bekräftigung des fortdauernden Lebens und des Bestandes des Pharaonenreiches.

Die rechteckig-massiven Mastabas, die für die Könige der Frühzeit, dann auch für Höflinge und Beamte gebaut wurden, um nach Einführung der Pyramiden für die Bestattung der Könige fast ausschließlich der Elite vorbehalten zu sein, boten am Anfang auch nicht viel Raum für Statuen und Reliefs. In der Frühzeit waren die Außenseiten mit Reihen von Nischen geschmückt, und in den nach oben offenen, bautechnisch notwendigen Kasematten im Innern wurden Beigaben deponiert. Immerhin gab es in einigen Fällen auch zugängliche Räume, in denen sich dann auch Reste von Holzstatuen gefunden haben (die als «lebende» Vertreter der in der Grabkammer bestatteten Toten gedient haben mögen). Seit dann aber zur Zeit des Snofru am Anfang der 4. Dynastie die Mastaba vorwiegend zu einem soliden Baukörper mit (wenn überhaupt) nur wenig Innenraum geworden war, boten lediglich Opfernischen oder schmale Kammern einige Wandfläche für Reliefs, und Statuen hatten zunächst keinen ihnen wirklich angemessenen Ort.

Hinzu kam das Bestreben, die Statue, diese «lebende» Wiedergabe des Verstorbenen, vor dem Auge und Zugriff der Lebenden zu schützen. Das Statuenpaar des Prinzen Rahotep und seiner Frau Nofret (Abb. 19) wurde zwar noch in einer Kapelle ihrer Mastaba in Medum aufgestellt, diese Kapelle dann aber vermauert. Schließlich entwickelten die Planer und Erbauer der Mastabas des Alten Reiches einen eigenen Raum – den mit dem arabischen Begriff für «abgeschlossener Raum, Keller» bezeichneten *serdab* –, in dem die Statuen von Grabbesitzern deponiert wurden. Zwischen dem *serdab* und anderen, sich allmählich vermehrenden Innenräumen der Gräber des Alten Reiches gab es lediglich eine Verbindung durch oft hoch gelegene Schlitze. Mit deren Hilfe konnten die Bildwerke an dem Duft der Opfergaben und Räucherungen teilnehmen, konnten aber meist nicht gesehen und in keinem Fall berührt oder gar weggetragen werden.

Während der 5. und der 6. Dynastie wurden mehr und mehr Räume im Innern des ursprünglichen Mastaba-Massivs ausgespart, mit dem Erfolg, dass auch immer mehr Wandflächen zur Anlage von Reliefs zur Verfügung standen. Damals erlebte die erzählende Reliefkunst Ägyptens eine erste, unübertroffen reiche Blütezeit. Den Kern bilden Darstellungen der im Opferdienst dargebrachten Nahrungsmittel, die fertig hergerichtet von Reihen von Opferträgern vor den sitzenden Verstorbenen getragen werden. In typisch ägyptischer Weise weitete sich der Blick dann assoziativ von den Gegenständen des Opfers auf deren Herkunft aus; das führte zu Darstellungen von Ackerbau und Ernte (Abb. 47), von Tierhaltung und Jagd. Der von all den Produkten «für immer» am Leben erhaltene Grabherr erscheint in diesen Bildern als Verwalter und Besitzer des ganzen Reichtums in überdimensionaler Größe, wie er den Arbeiten zusieht. In der überwiegenden Zahl der Fälle ist es ein Mann, den oft seine Frau und die Kinder begleiten. Ungeachtet der letztlich zweitrangigen Bedeutung dieser Bildwelt galt die Freude der Bildhauer und Maler – wie auch des heutigen Betrachters – ganz offensichtlich den Details des Lebens in Feld, Marsch und Wüste, und keines der Hunderten von Bildern ist einem anderen völlig gleich.

Statuen wurden auch weiterhin in *serdab*-Kammern deponiert; aber es gab nun auch dreidimensionale Bildwerke in offenen Räumen, am eindrucksvollsten vertreten von dem Standbild des Mereruka, das über dem Opferaltar in der Pfeilerhalle seines Grabes in Saqqara aus der Wand zu treten scheint. Der gleichen Idee dienten dreidimensional aus der Wand gearbeitete Büsten, deren Hände sich zur Entgegennahme des Opfers öffnen. In einigen wenigen Gräbern findet man auch Statuenpaare, die den Eingang in das Grab flankieren und damit schützen.

Im Mittleren Reich wurden weiterhin Mastabas gebaut, allerdings waren sie nun meist mit einer eigenen Umfassungsmauer versehen, und der eigentliche Kernbau – oft mit reicher archaischer Nischengliederung – kehrte zum spärlichen reliefgeschmückten Innenraum der frühen Exemplare zurück oder stand einfach als Massiv im Raum. Die Anlage von *serdab*-Kammern wurde nicht weitergeführt; Statuen konnten nun frei im Schutz der Umfassungsmauer aufgestellt werden. Daneben gab es im Mittleren Reich aber auch die in die Zukunft weisende Form des Grabtempels mit Pfeilerhöfen, Säulenvorhallen und oft mehreren Kapellen für die Aufstellung von Statuen. Auch hier boten die Wände Raum für Reliefs, welche die Themen des Alten Reiches weiterführten und neu gestalteten.

Zweifellos drückt sich in der Statuenplazierung des Mittleren Reiches ein gewandeltes Verständnis der Funktion nicht-königlicher Grabstatuen aus. War die Grabstatue im Alten Reich zunächst vorwiegend der im *serdab* versteckte «lebende» Doppelgänger des Toten, der nur durch den Vollzug des Ritus punktuell herausgelockt werden konnte, so ist sie nun zu dem im Mittelpunkt der Grabanlage stehenden Kultempfänger geworden. Ihre Funktion ist damit eng an die der königlichen Kultstatue in den Pyramidentempeln des Alten Reiches herangerückt.

Die Geschichte des ägyptischen Felsgrabes spiegelt diese Entwicklung im Verständnis der nicht-königlichen Grabstatue am klarsten wider. Seit der 4. Dynastie nutzten die Ägypter den felsigen Boden und die Felsklippen am Wüstenrand zur Anlage von Gräbern, deren Innenräume man aus dem Stein aushöhlte. Zunächst etwas roh, dann auch architektonisch geformt, folgten diese Gräber in ihren Grundrissen durchaus denen des Mastaba-Innern. Sie waren mehrräumig mit ausgesparten Pfeilern und Seitenkammern und besaßen auch reliefierte Wände; und schon früh wagte man sich in solchen Felsgräbern an in Hochrelief gearbeitete Statuen. Die Sicherheit, dass die Figuren nicht entfernt werden konnten, mag zu dieser Statuenverwendung, die dem *serdab*-Prinzip entgegengesetzt war, beigetragen haben. Die wandverbundenen Bildwerke könnten sehr wohl die Entstehung von gleichsam aus der Wand heraustretenden Statuen wie der des Mereruka in den gebauten Mastabas beeinflusst haben.

Vom Ende des Alten Reichs an kann man dann zumal in den Provinzen eine Neuorientierung der Grundrisse von Felsgräbern beobachten. Diese wurden mehr und mehr axial gegliedert, und am Zielpunkt der Achse befand sich eine Nische, in der die Statue des Grabbesitzers aufgestellt wurde. Reliefs und Malereien an den umgebenden Wänden wurden gleichzeitig in ihren The-

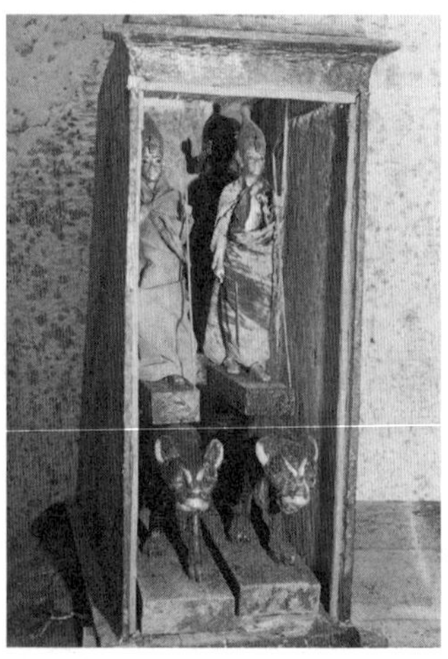

17 Schrein mit zwei Statuetten des Tutanchamun auf einem Panther, Fundzustand, 18. Dynastie, bemaltes und vergoldetes Holz, heute Ägyptisches Museum, Kairo

men und in der Stellung der Hauptfiguren auf die kultempfangende Statue ausgerichtet. Damit war die Umwandlung der nicht-königlichen *serdab*-Figur in eine kultempfangende Statue nach Art der Pharaonenbilder in den Pyramidentempeln endgültig vollzogen.

Trotz mancher Variationen ist die kultempfangende Statue des Pharao und seiner Untertanen aus der Gräberwelt des alten Ägypten nicht mehr verschwunden. Nur die Königsgräber des Neuen Reichs im unzugänglichen Tal der Könige von Theben-West kannten solche Statuen nicht. Diese hatten vielmehr ihren Platz in den am Rande des Fruchtlands zugänglich gelegenen Totentempeln der Könige. Was wir an Statuen kennen, die im Tal der Könige in Königsgräbern, zum Beispiel im Grab des Tutanchamun (Abb. 17), gefunden wurden, gehört vorwiegend einer anderen Kategorie von Bildwerk an: dem Typ der meist aus Holz oder einem anderen nicht-steinernen Material hergestellten Statuette, die man in der Nähe des Toten – im Sarg, neben dem Sarg oder in unterirdischen Seitenkammern zur Grabkammer – rituell bestattete. Diese in königlichen wie nichtköniglichen Gräbern überaus häufigen Bildwerke gehen letztlich auf die Figurinen und Figuren zurück, die in vorgeschichtlicher Zeit mit dem Toten begraben wurden. Die Sitte der Beisetzung solcher Bildwerke wurde während des hohen Alten Reiches für eine Weile unterbrochen. Ihren Platz nahm die bemerkenswerte Deponierung von bloßen Köpfen (den sogenannten Ersatzköpfen) wohl in Sarkophagnähe ein (Abb. 18). Im späteren Alten Reich wurde dann die Beisetzung von Statuen und Statuetten in

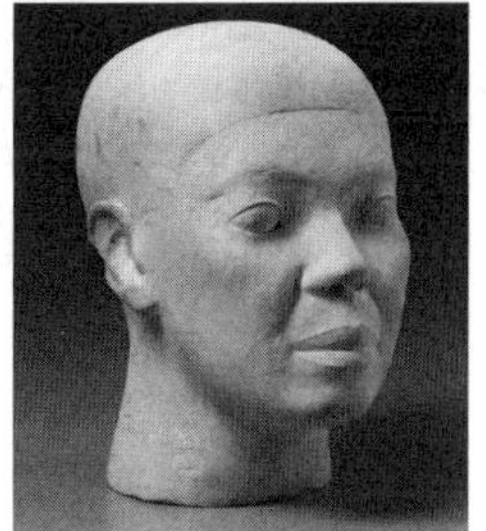

18 Kopfskulptur (sogenannter Ersatzkopf), gefunden zusammen mit einer weiteren Skulptur desselben Typs im Füllschutt des Schachts der Mastaba G 4440 in Giza, 4. Dynastie, Kalkstein, Museum of Fine Arts, Boston

der Nähe des Toten wieder aufgenommen, um nie mehr ganz zu verschwinden (Abb. 42).

Man geht kaum fehl, wenn man die in der Nähe des Toten deponierten Statuen und Figuren als Ritualbildwerke auffasst. Bevorzugte Materialien waren wie gesagt Holz, Fayence, später auch Metall mit hin und wieder nachweisbarer Vergoldung und reicher Bemalung; gelegentlich waren die Statuen auch in Leinen eingewickelt (Abb. 17). Rituelle Funktionen werden durch manch andere Befunde in ungestörten Gräbern nahegelegt. Die heute im Ägyptischen Museum von Turin aufbewahrte Holzfigur des Architekten Cha in Beterhaltung aus der 18. Dynastie zum Beispiel wurde in Deir el-Medina auf einem reich bemalten Stuhl stehend und mit einer Girlande geschmückt gefunden; sie war umgeben von einem kleinen Modellsarg und Schabtis, jenen kleinen, mumienförmigen Vertretern des Toten, die im Jenseits für den Verstorbenen manuelle Arbeiten durchführen sollten. Dieser Befund setzt zweifellos eine wie auch immer geartete rituelle Handlung voraus, in der die Aufstellung der Statue und der sie begleitenden Gegenstände nach einer bestimmten vorgegebenen Idee oder gar Regel, womöglich unter Rezitation von Sprüchen, vollzogen wurde.

6. Funktionen ägyptischer Statuen

Bei der Betrachtung der Orte, an denen altägyptische Statuen standen und in Kult und Leben eingebunden wurden, haben sich verschiedene Funktionsbereiche abgezeichnet. Es sollte allerdings im Auge behalten werden, dass die einzelnen Funktionen in der Praxis und im ständigen Wandel des Lebens so gut wie nie exakt voneinander getrennt waren. In vielen Fällen dienten einzelne Bildwerke verschiedenen Funktionen gleichzeitig oder konnten die Funktion im Lauf der Zeit wechseln.

Kultstatuen waren wohl vorwiegend kleinen Formats und meist aus organischen und edlen Materialien; sie wurden in Tempelsanktuaren und Kapellen in Schreinen aufbewahrt und von den Ägyptern als direkte Manifestationen der jeweiligen Gottheit angesehen.

Ritualstatuen waren oft auch kleineren Formats und ebenfalls häufig aus Holz und edlen Materialien gebildet; sie fungierten bei rituellen Handlungen als «Mitspieler» und wurden dann oft in der Nähe der Mumie oder in Tempeldepots niedergelegt. Wie Kultstatuen konnten auch sie in Schreinen aufbewahrt werden.

Serdab-Statuen waren aus Stein und Holz; sie waren als «lebende» Vertreter des Verstorbenen im Grab anwesend, aber nicht in direktem Zusammenhang mit der Mumie.

Kultempfängerstatuen waren meist aus Stein; man brachte ihnen Opfer dar, aber sie nahmen meist nicht an Prozessionen teil. Gestiftet von Königen oder Angehörigen der Elite, standen sie in Tempeln, Totentempeln und Palästen oder in eigenen Kapellen in der Nähe von Tempeln, Palästen und Siedlungen.

Ritusvollziehende Statuen waren ebenfalls meist aus Stein und kamen auch in kolossaler Größe vor; sie «verewigten» in Stein die priesterlichen Funktionen des Pharao und der Priester.

Kultteilnehmerstatuen wurden meist aus Stein gefertigt und in der Regel in Tempeln aufgestellt, wo sie auch als *Mittlerstatuen* fungierten.

Wächter- und Schutzstatuen bestanden gleichfalls meist aus Stein; neben Stand- und Sitzbildern vorwiegend des Königs übernahmen auch Sphingen, Osiriden und ähnliche Statuentypen Wach- und Schutzfunktionen. Ihre Aufstellungsorte waren die Eingänge zu Tempeln, Kapellen, Kiosken und Palästen, selten zu Gräbern und ferner entlang der Prozessionsstraßen. Oft waren sie als flankierende Paare oder in gegenüberliegenden

Reihen aufgestellt. Seit dem Mittleren Reich waren viele dieser Statuen von monumentaler Größe.

Tragbare Bildwerke waren meist kleinformatig und wurden aus Ton, Fayence, Metall, seltener aus Stein und Holz gefertigt; sie hatten keinen festen Ort, sondern wechselten je nach Bedarf zwischen Häusern, kleinen Heiligtümern und auch Grabbezirken sowie bestimmten Räumen in Tempeln. Ihre Verwandtschaft mit am Körper getragenen Amuletten auf der einen Seite, Ritualstatuen auf der anderen ist unübersehbar, doch sind sie weniger an feste Rituale gebunden. Ihre Bedeutung kann – wie ihr Ort – je nach Bedarf erheblich wechseln.

Natürlich fällt bei einer solchen Zusammenstellung sofort die überragende Bedeutung des Kults und des Rituals für die ägyptische Kunst auf. Zu Recht betonen Definitionen der Begriffe «Kult» und «Ritual» den Aktionscharakter, das «Drama» dieser religiösen Handlungen, und so könnte man die Funktion ägyptischer Bildwerke allgemein darin sehen, rituelle Vorgänge in greifbaren Gegenständen festzuhalten, sie sichtbar zu machen und ihnen so Dauer zu verleihen.

7. Funktionen ägyptischer Reliefs und Malereien

Auch Reliefs in Tempeln und Gräbern hatten in hohem Maße mit den Riten zu tun, die in diesen Gebäuden vollzogen wurden. Durch die Wiedergabe von Reinigungsriten, Opferhandlungen, Prozessionen und Götterfesten trugen sie das Ihre dazu bei, dass die Fortdauer des Kults auch ohne die Anwesenheit von Priestern oder anderen Kultteilnehmern gewährleistet war. Während im Flachbild weniger die in den Statuen geleistete Verdinglichung des Ritus im Vordergrund stand, ermöglichte der erzählende und beschreibende, in gewissem Sinne textliche Charakter der Reliefs und Malereien die Einbeziehung von Zeit (Vergangenheit, Zukunft, Dauer) und Raum (Vorgänge in ganz Ägypten und im Ausland im Bereich von Leben und Tod).

Viele in Tempeln dargestellte Themen – beispielsweise die Niederwerfung von Feinden, die man an den Außenmauern sehen konnte – sowie fast aller Bauschmuck dienten außerdem dazu, die jeweilige Funktion des Gebäudes und seiner Teile auszudeuten und symbolisch zu verstärken. Ähnliches lässt sich von den Wanddarstellungen in Häusern und Palästen sagen. Auch sie begleiteten das Leben, das hier stattfand, und hoben dessen wichtigste Aspekte hervor: Fruchtbarkeit und Schutz der Kinder sowie die fortdauernde Beziehung der Lebenden zu den Toten. Bis zu einem gewissen Grade mögen diese Bilder sogar eine Ritualisierung der genannten Lebensbereiche bewirkt haben.

Drittens weitete sich auf den Reliefs und Malereien vor allem in Gräbern das Blickfeld auf das gesamte tägliche Leben der Menschen im Niltal und – in den Königsgräbern des Neuen Reiches im Tal der Könige – auf die Unterwelt aus. Diese Ausweitung beruhte zu einem guten Teil auf der gedanklichen Verbindung zwischen den dargestellten Opfergaben und ihrer Herkunft aus Ackerbau und Handwerk (s. S. 44) bzw. zwischen den entlegenen Gräbern der Könige und der Welt des Todes. Die Folgen dieser assoziativen Einbeziehung waren allerdings erstaunlich. Denn einerseits breitet sich in den nicht-königlichen Grabbildern ein in seiner Art einmaliges, detailreiches Panorama der ägyptischen Alltagswelt aus, und es werden nun auch Menschen der mittleren und unteren Gesellschaftsschichten in einem Umfang dargestellt, wie es in der Welt der Statuen in vergleichbarer Weise nicht geschehen ist (Abb. 47, 48). Andererseits eröffnete sich in den Unterweltsdarstellungen der Königsgräber die Möglichkeit, menschliche Ängste in einmalig prägnanter Weise ins Bild zu bringen (Abb. 21).

III. Werkstätten und Arbeitsweisen

Darstellungen in Reliefs und Malereien sowie Inschriften (meist Titel von Handwerkern und Künstlern, aber auch einige beschreibende Texte) übermitteln ein reiches Bild von den handwerklichen und künstlerischen Tätigkeiten im alten Ägypten.

Hinzu kommen Funde von unfertigen Werkstücken und Wandbildern. Eines geht ganz klar aus diesen Darstellungen und Resten hervor: Alle Handwerker, ob Bildhauer, Holzschnitzer oder Metallarbeiter, arbeiteten in Gruppen, und Arbeitsteilung war an der Tagesordnung. Überdies gab es eine feste Hierarchie, an deren Spitze Verwaltungsbeamte standen, die über die zu verarbeitenden Materialien wachten und die Endprodukte entgegennahmen. Darunter folgten die eigentlichen Vorsteher der Werkstätten. In der Bildhauerwerkstatt, die dem Majordomus der Königin Teje Huja als oberstem Verwaltungsbeamten unterstand und in dessen Grab in Amarna auf einem Relief dargestellt erscheint, ist der Vorsteher der Bildhauer, Juty, von den unter ihm arbeitenden Bildhauern klar unterschieden. Nur Juty ist mit Namen genannt, und nur er korrigiert die Arbeit von einem der ihm unterstellten Bildhauer.

Auf der anderen Seite ist bekannt, dass die Handwerker von Deir el-Medina, die die Königsgräber im Tal der Könige schufen und dafür in einer besonderen, in der Wüste gelegenen Siedlung für sich lebten und unterhalten wurden, in beträchtlichem Ausmaß Arbeiten «nebenher» auf der Basis einer direkten Beziehung zwischen Kunde und Handwerker durchführten. Es muss wohl, zumindest während des Neuen Reiches, ein kompliziertes In- und Nebeneinander von staatlich-königlich organisierten Werkstattbetrieben, halbfreien Nebenarbeiten und wohl auch ganz freier Auftragsarbeit gegeben haben.

Bildhauer und Maler nahmen nachweislich schon während des Alten Reiches allen anderen Handwerkern gegenüber eine gewisse Sonderstellung ein. Rosemarie Drenkhahn erklärt das damit, dass diese Künstler vielfach vom König an seine Gefolgsleute «ausgeliehen» und dementsprechend in der Umgebung des Gefolgsmanns als Privilegierte angesehen wurden. Zudem mag es eine Rolle gespielt haben, dass diese Künstler die «lebenden» Bildwerke für die Ewigkeit herstellten. Vielleicht fungierten sie auch im Ritual der Mundöffnung (s. S. 8) als Priester.

Die Methoden der Steinbearbeitung sind wiederum am besten an unfertigen und halbfertigen Stücken zu beobachten. Eine ganze Reihe von Statuetten des Königs Mykerinos zum Beispiel zeigt verschiedene Stadien der Herstellung eines rundplastischen Bildes von der nur in Umrissen bestimmten Rohform bis zum ungeglätteten, sonst aber in allen Einzelheiten fertigen Bildwerk. Zu beobachten ist nicht nur, wie sehr der ursprüngliche Block die Form bis zur letzten Stufe bestimmte, sondern auch, mit welcher Sicherheit der Bildhauer von Anfang an die wesentlichen Züge festlegte. Auf seiner Stele im Louvre sagt Irtisen, der den Titel eines «Vorstehers der Künstlerschaft der Maler und Bildhauer» trägt: «Ich kenne die Proportionen [Wortbedeutung unsicher], ich vermag die Maße zu schätzen, zu korrigieren und anzupassen, bis ein Körper seine richtige Gestalt gefunden hat» (nach der Übersetzung von Elisabeth Delange).

Die wichtigsten Werkzeuge waren Steinhämmer, Kupfer- und Bronzemeißel und -stichel sowie die verschiedenen Hilfsmittel zur letzten Formgebung, zur Glättung und Politur der Oberfläche: feiner Sand, handliche Reibsteine und vermutlich Lederlappen. Die Holzschnitzkunst hatte ihre eigenen Werkzeuge, und gerade von ihnen haben sich zahlreiche Serien in Miniaturgröße erhalten, weil sie als rituell wichtige Grabbeigaben galten. Bemalt waren so gut wie alle Stein- und Holzstatuen. Bei manchen Statuen aus Hartgestein blieb es bei Andeutungen (schwarz umrandete Augen, schwarze Haare, blaue Zeremonialbärte, gelbe und blaue Streifen auf dem königlichen *nemes*-Kopftuch). Kalksteinstatuen waren fast immer zur Gänze bemalt, wobei die Hautfarbe bei Frauen gelb, bei Männern rot war, die Haare schwarz, die Kleidung weiß und Schmuckstücke in bunten Farben gehalten waren (Abb. 19). Inschriften waren schwarz, blau oder grün. Auch Holzfiguren wurden fast immer bemalt, oft – vor allem bei der Kleidung – mit einer untergelegten Gipsschicht. Ebenso wurde die Vergoldung von Teilen oder von ganzen Figuren über einer Gipsschicht vorgenommen. Es gibt aber durchaus auch Beispiele von Holzfiguren, bei denen die unbedeckten Körperteile unbemalt blieben und lediglich durch die fein geglättete Oberfläche des Holzes dargestellt wurden.

Ägyptische Reliefs sind so flach, dass die skulptierte Fläche meistens kaum mehr als einen Zentimeter oder weniger über den Hintergrund hinausragt; und trotz feinster Modellierung

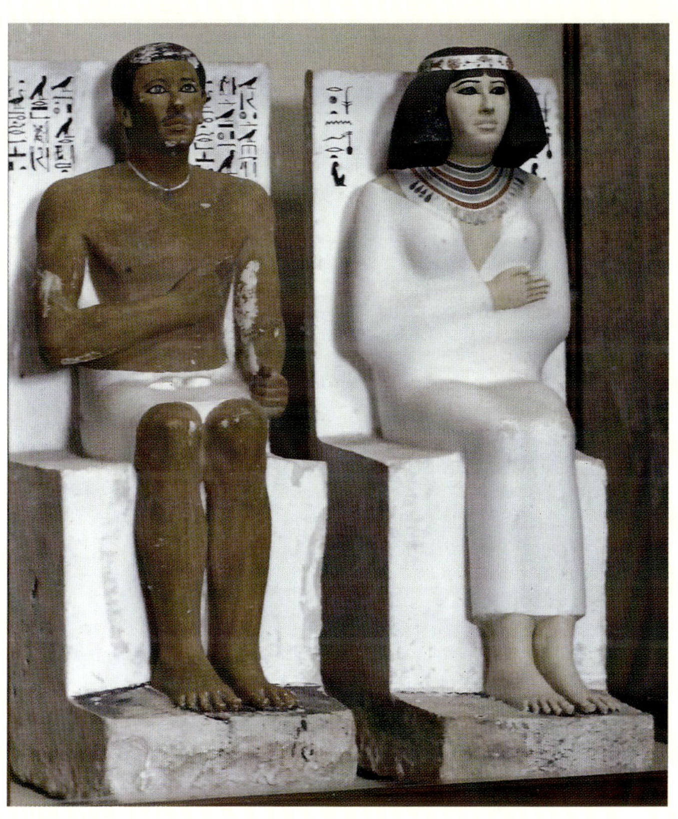

19 Statuen des Rahotep und der Nofret aus Medum, frühe 4. Dynastie, bemalter Kalkstein, Augeneinlagen: Alabaster und Bergkristall, Ägyptisches Museum, Kairo

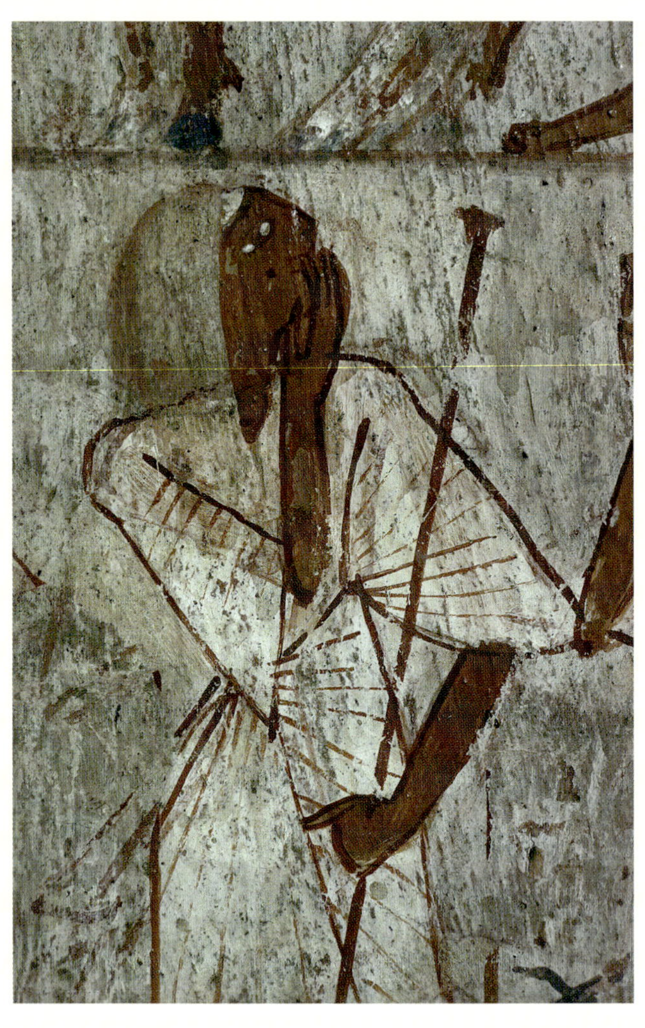

20 Teilnehmer eines Begräbniszuges im Gespräch mit einem anderen, Detail aus Malerei im Grab des Neferrenpet, genannt Kenro (TT 178), Theben-West, 19. Dynastie, Ramses II.

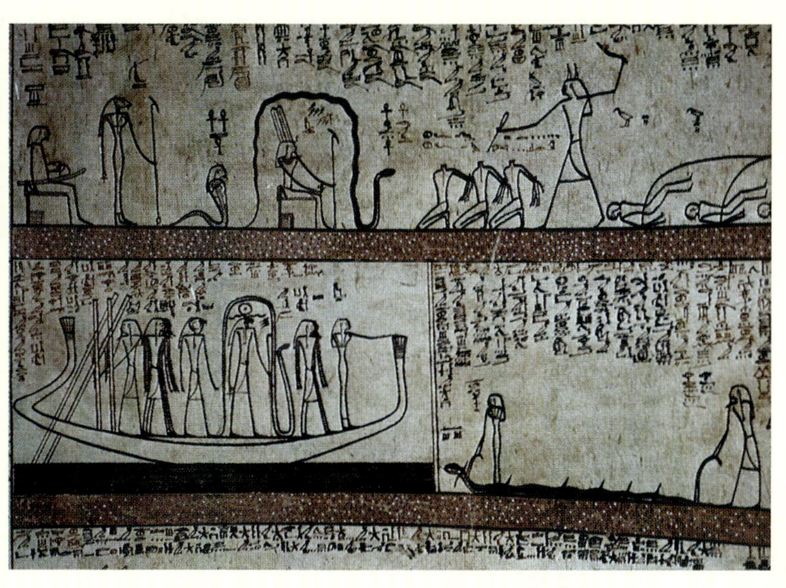

21 Szenen aus dem «Amduat» («Was in der Unterwelt ist»), gemalte Imitation eines Papyrus in der Grabkammer Thutmosis' III. (Ausschnitt), Tal der Könige (KV 34), Theben-West, 18. Dynastie

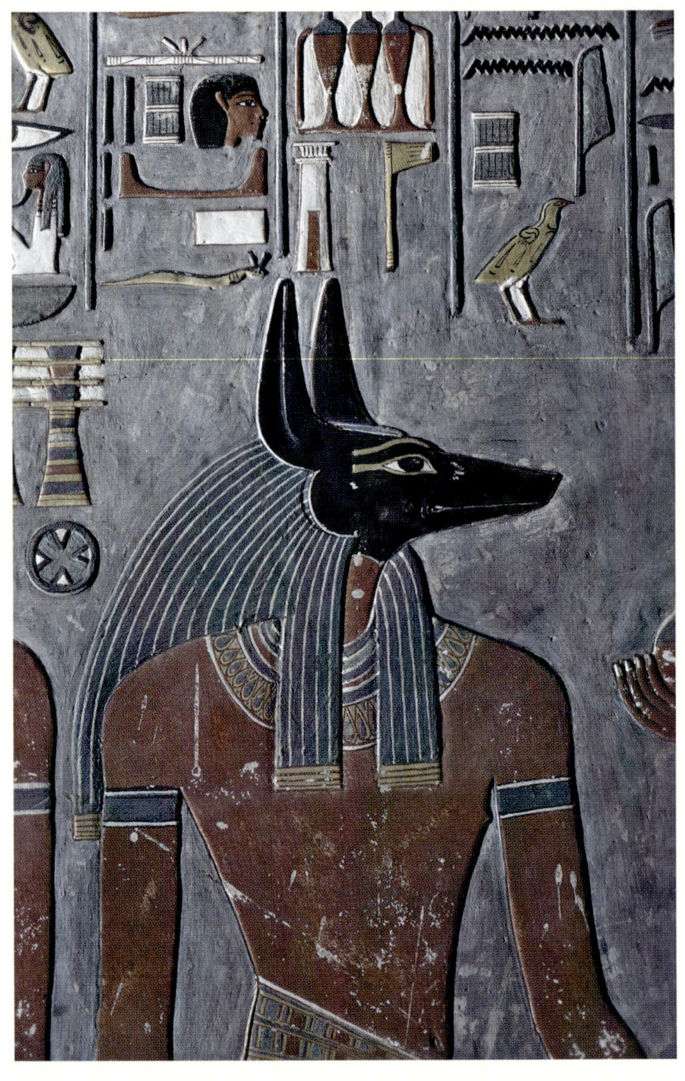

22 Der Gott Anubis, bemaltes Relief aus dem Grab des Königs Haremhab, Tal der Könige (KV 57), Theben-West, 18. Dynastie, Haremhab

im Ganzen sind viele im Innern der Figuren gelegene Umrisslinien lediglich eingeritzt. Daneben gab es das versenkte Relief, bei dem die Figuren durch eine scharfkantige, in den Grund eingetiefte Rille umrissen sind und alle Skulptierung tiefer liegt als die Oberfläche des Blocks. Leicht erhaben oder versenkt, hat das ägyptische Relief demnach nicht viel mit Dreidimensionalität zu tun, sondern ist eine Form von Flachkunst, die zur Verdeutlichung der Formen Licht- und Schatteneffekte vor allem entlang der Umrisse einbezieht. Wieder zeigen halbfertige Reliefs die Verfahrensweise.

Am Anfang der Herstellung jedes ägyptischen Reliefs stand eine Zeichnung. Figurenumrisse und Details wurden meist mit schwarzer oder roter Tinte auf den Stein nicht nur skizziert, sondern in allen Einzelheiten aufgezeichnet. Dabei sorgten Hilfslinien dafür, dass die Figuren dem Kanon entsprechend proportioniert waren und dass Figurengruppen auf einer Linie angeordnet werden konnten. In jeweils entgegengesetzter Farbe (rot auf schwarz oder schwarz auf rot) wurden sodann Korrekturen angebracht, zweifellos von einem Künstler höheren Rangs oder zumindest mit längerer Erfahrung. Standen so die Komposition und die Form der Figuren fest, begannen die Bildhauer – im Falle des erhabenen Reliefs –, den Grund um die Figuren durch Abschälen der Oberfläche tieferzulegen, ein Vorgang, der am Ende jede Figur festumrissen über dem Grund stehen ließ. Das versenkte Relief begann entsprechend mit der Eintiefung des Umrisses der Figur. In beiden Fällen erfolgte zuletzt die Modellierung der Einzelheiten im Innern der Figuren. Halbfertige Reliefwände zeigen, dass regelmäßig mehrere Trupps von Bildhauern an verschiedenen Stellen einer Wand gleichzeitig zu arbeiten begannen.

Die Technik der Malerei war grundsätzlich von der der Reliefherstellung nicht sehr verschieden, nur dass hier statt der Abtiefung des Grundes oder des Figurenumrisses das Auflegen der ersten Farbschicht in Angriff genommen wurde. Dieser Vorgang endete normalerweise mit einer Art farbiger Scherenschnittsilhouette für jede Figur. Weiteres Ausmalen verwandelte dann die Silhouette in eine ausgeführte Gestalt. Dabei wurden die Farben immer plakativ-flächendeckend aufgetragen, nuancierende oder gar gradierende Farbschichtungen wurden nur ganz selten und immer nur stellenweise angewandt. Ein berühmtes Beispiel sind die rötlichen Stellen im Gesicht der Königin Nefertari in ihrem Grab (Abb. 39). Licht und Schatten wurden nie in die Darstellung selbst einbezogen. Dagegen setzten die Entwerfer und Bildhauer Schatteneffekte, die selbst bei den flachen ägyptischen Reliefs durch die Beleuchtung der skulptierten Oberfläche entstehen, sehr wohl als Wirkungselement ein. So wurde das versenkte Relief, bei dem das Sonnenlicht die Umrisse besonders stark hervorheben kann, vorwiegend an Außenmauern verwendet, wohingegen in schwach beleuchteten Innenräumen von Anfang an die Reliefierung für eine bessere Erkennbarkeit gemalter Darstellungen sorgte.

Der Schattenwirkung des Reliefumrisses entsprach in der Malerei die dunkle, oft schwarze Umrisslinie, die der Maler fast immer am Schluss der Arbeit rings um seine Figuren anzubringen pflegte. Umrisslinien dienten zeitweilig auch bei Reliefs zur Verstärkung der Kontur; denn alle Reliefs waren bemalt, und ihre endgültige Fertigstellung lag somit bei den Malern.

IV. Statuen

1. Frühstufen

Aus der vorgeschichtlichen Epoche Ägyptens – vor allem aus dem 4. Jahrtausend v. Chr. – sind eine ganze Reihe außergewöhnlicher Bildwerke erhalten. Als Schöpfungen einer vorschriftlichen, bildlich abstrahierenden Epoche stehen sie im Wesentlichen für sich selbst. Nur im Rückblick lassen sich bereits die Ansätze zu verschiedenen Formungen und Themen der Pharaonenzeit erkennen. So kann man bei einer großartigen «Vogelfrau» im Brooklyn Museum bereits die später oft zu findende Kombination von Tier- und Menschenformen feststellen. Ein tönerner Kopf aus Merimde im Kairener Museum ist von kreis-

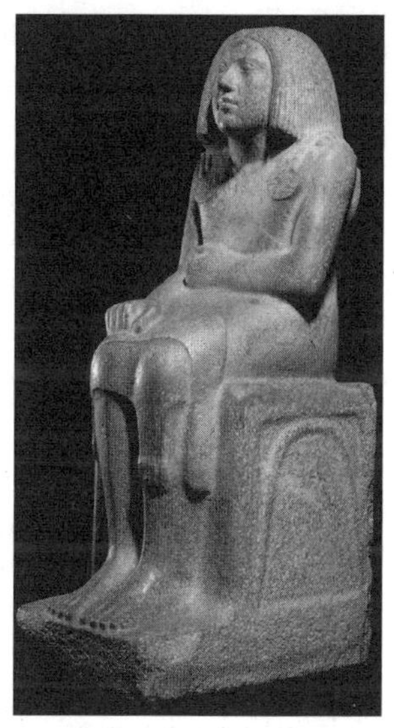

23 Statue des Anch aus Beit Khallaf (?), 3. Dynastie, Granodiorit, Rijksmuseum van Oudheden, Leiden

runden Höhlenaugen beherrscht, und in seiner Mitte öffnen sich zwei den Eindruck fast ebenso bestimmende Nasenlöcher, als ob der dargestellte Gott, Mensch oder Herrscher das Leben mit der Nase einatmete: ein wohlbekanntes Bildmotiv in pharaonischer Zeit. Der Merimdekopf war zum Aufstecken auf eine Stange am unteren Ende mit einer Höhlung versehen. Er ist damit das früheste Beispiel jener heiligen Standarten, die seit der späten Vorgeschichte und dann durch die ganze Geschichte des pharaonischen Ägypten Bestandteile von Kulthandlungen waren (Abb. 29).

Mit der Zeit der 1. bis 3. Dynastie ist sodann die Epoche des Heranreifens der altägyptischen Kunsttradition erreicht. Man hat diese Periode – und besonders die 3. Dynastie – als eine Zeit des Experimentierens mit der dreidimensionalen Form gekennzeichnet. Königliche Statuen tragen vorwiegend einen eng geschlossenen kurzen oder wadenlangen Mantel, in dem der Pharao stehend mit eng nebeneinander positionierten Beinen, schreitend oder sitzend dargestellt erscheint. Er trägt die oberägyptische «weiße» oder die unterägyptische «rote» Krone oder – im berühmten Sitzbild des Djoser aus seinem *serdab*-Schrein bei der Stufenpyramide von Saqqara – eine Vorform des späteren *nemes*-Kopftuchs, das – wie es scheint – mit Mühe eine riesige darunter getragene Perücke bedeckt. Viele Formen des Herrscherbildes der folgenden Dynastien sind in dieser frühen Epoche vorgebildet, doch eine ganze Reihe von archaischen Formschöpfungen zumal der Djoserzeit wurde später nicht weitergeführt.

Ähnliches lässt sich für die nicht-königlichen Statuen der ersten drei Dynastien sagen. Einige unvergessliche Schöpfungen der ägyptischen Kunst sind in dieser Epoche entstanden, und sie haben ihren eigenen, in vielem später nicht mehr erreichten Charme. Zwei Sitzbilder eines hohen Würdenträgers namens Anch zum Beispiel stammen wohl aus Beit Khallaf in Mittelägypten, wo sie – so hat Marianne Eaton-Krauss vermutet – möglicherweise in einem Tempel aufgestellt waren. Das priesterliche Leopardenfell der Statue in Leiden (Abb. 23) könnte auf eine Funktion als ritualvollziehende Statue hindeuten. Die Standbilder von Sepa und Nesa, einem Mann und einer Frau, die sich heute im Louvre befinden (Abb. 24), waren zweifellos in ihrem (gemeinsamen?) Grab aufgestellt, das wohl noch keinen *serdab* besaß. Die Funktion der Statuen als «lebende» Wiedergaben der Verstorbenen muss aber bereits als Konzept zugrunde gelegen haben.

Formal sind die Sitz- und Standbilder der ersten Dynastien – ob königlich oder nicht – durch eine eng zusammengenommene, im Falle der Standbilder geradezu pfahlartige Grundstruktur gekennzeichnet. Nah nebeneinander stehende Beine sind dafür ebenso charakteristisch wie die an den Körper gepressten Unterarme vieler Figuren. Die beiden erhaltenen, brüderlich gleichen Standbilder des Sepa (Abb. 24) sind in Schrittstellung dargestellt, aber das Gewicht ist – anders als bei den meisten späteren, kanonischen Figuren – gleichmäßig auf das linke, vorgestellte und das rechte, leicht zurückgestellte Bein verteilt. Man hat die gleichmäßige Gewichtsverteilung der Sepastatuen mit dem zu dieser Zeit noch gänzlich fehlenden Rückenpfeiler und der dadurch weniger gesicherten Standfestigkeit der aufrecht stehenden Figuren erklärt. Es ist aber auch auffällig, dass das «Schreiten» des Sepa eher den Charakter eines Ruhens auf zwei auseinandergestellten Beinen hat als den einer raumgreifenden Aktion. Dazu stimmt die Beziehung von Stab und Zepter zum Körper des Sepa. Eng an die Figur geschmiegt, sind sie gleichsam Teile des Körpers, vom Schwerpunkt im Zentrum der Statue unwiderstehlich angezogen.

Die zusammengefasste Haltung der frühen Statuen geht mit

einer auffälligen Verhaftung der Skulpturen im Stein zusammen. Die Beine des Leidener Anch zum Beispiel (Abb. 23) sind von der Oberfläche des Sitzmöbels nur durch andeutungsweise eingetiefte Rinnen getrennt; und ein wenig tiefer Einschnitt setzt den rechten Unterarm von dem Körper in seinem Leopardenfell ab. Ebenfalls nur langsam entwickeln die Unterseiten der vollen Locken- und Strähnenperücken ein Eigenleben über den Schultern von Männer- und Frauenbildern. Stärker betont als die Übergänge von Perücke zu Schulter sind dann allerdings bei vielen dieser Werke schon früh die Absätze zwischen Gesichtern und Perücken. Das führt dazu, dass die – oft leicht angehobenen – Gesichter mit ihrem frischen, lebensbejahenden Ausdruck das Hauptaugenmerk auf sich ziehen (Abb. 23, 24).

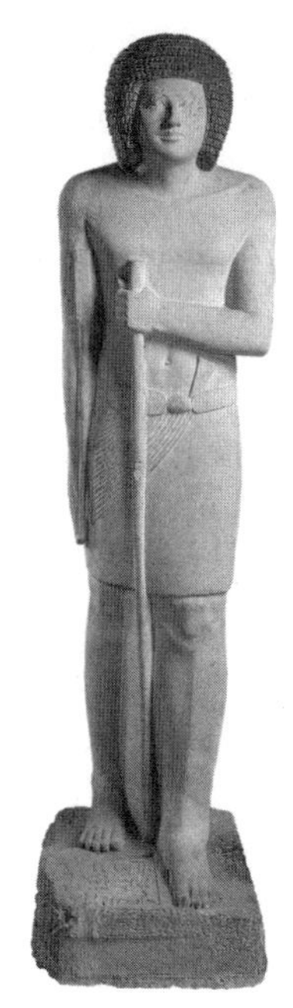

24 Statue des Sepa aus Saqqara, 3. Dynastie, bemalter Kalkstein, Musée du Louvre, Paris

Es ist nicht unwichtig, im Gedächtnis zu behalten, dass die Geschichte der altägyptischen Skulptur mit einer nur langsam vollzogenen Lösung der Figuren aus dem Stein beginnt. Denn zweifellos ist das Material Stein mit seiner Härte, Widerstandskraft, Textur und Farbe während der gesamten Geschichte der ägyptischen Kunst für die Form und Funktion von Skulpturen von erstrangiger Bedeutung geblieben. In einer Felsinschrift im Wadi Hammamat ließ Mentuhotep IV., ein König am Ende der 11. Dynastie, aufschreiben, dass er eine Truppe von 10 000 Mann ausschickte, «um mir einen wertvollen Steinblock zu bringen aus dem reinen Stein des Berges, dessen Herrlichkeit von (dem Gott) Min gemacht wurde» – die Ägypter verstanden Stein immer als eine Gottesgabe.

2. Götterbilder – Herrscherbilder

Die Überlieferung von Götterbildern

Die eigentlichen Götterbilder – die «echten» Kultbilder – des alten Ägypten haben sich nur selten erhalten. Doch nicht nur ihre spärliche Überlieferung, auch die Form vieler dieser heiligen Bildwerke unterscheidet sie von der übrigen uns bekannten Bildkunst Ägyptens. Die erhaltenen Beispiele und die Darstellungen von Kultbildern in der erzählenden Flachkunst ermöglichen nur ungefähre Vorstellungen vom ursprünglichen Aussehen dieser Bilder, die in Schreinen verschlossen das Allerheiligste und andere verborgene Räume der Tempel bewohnten und in Prozessionen – ebenfalls in Schreinen geborgen – in die Außenwelt getragen wurden.

Die neuere Forschung weist allerdings nachdrücklich darauf hin, dass es falsch ist anzunehmen, ein ägyptischer Tempel hätte jeweils nur *ein* Hauptkultbild besessen. Vielmehr gab es in den verschiedenen Kapellen und Sanktuaren jedes Tempels eine große Zahl von Bildern, in denen sich nach dem Glauben der Menschen das Göttliche auf je verschiedene Art manifestierte.

Am besten erhalten sind Götterdarstellungen in Relief und Malerei, Statuen aus Stein und kleine tragbare Statuetten aus Holz oder Metall, wobei metallene Figuren vor allem aus der Spät-, der Ptolemäer- und der Römerzeit bekannt sind. Sie wurden in moderner Zeit schon früh gesammelt und sind daher in den Museen der Welt in großer Zahl vorhanden. Oft von bescheidener Qualität, sind diese kleinen Bildwerke lange kaum verstanden worden; und ihre globale Kategorisierung als «Votivgaben» hat sich einem richtigen Verständnis eher noch entgegengestellt. Erst in neuester Zeit beginnt man, sich um eine angemessenere Deutung intensiver zu bemühen, unterstützt durch Funde von ungestörten Tempeldepots, in denen die alten Ägypter solche Figuren selbst gesammelt, aufbewahrt und vergraben haben. Letztlich handelt es sich wohl um eine Unterart jener bereits besprochenen «tragbaren» Figuren (s. S. 18–20), die – wo immer sie erscheinen, in Häusern, Kapellen oder Tempeln –

von einer sehr persönlichen Beziehung des Menschen zum Göttlichen Zeugnis ablegen.

Aufmerksamkeit ist schließlich auch den Darstellungen und wenigen erhaltenen Resten von heiligen Gegenständen zu schenken, die in nicht geringer Zahl im religiösen Leben des alten Ägypten eine Rolle spielten. Begriffe wie «Fetisch» oder «Totem» sollten in diesem Zusammenhang besser vermieden werden, da sie zu viel religionsgeschichtlichen Ballast mitbringen.

Die Ikonographie ägyptischer Götterbilder

Aufgrund der eben aufgezählten bildlichen Zeugnisse lässt sich die Ikonographie der ägyptischen Götterbilder knapp so zusammenfassen: Da gab es offensichtlich 1) Götter, die durch heilige Gegenstände vertreten wurden; 2) Götter in Tierform; 3) Götter in Menschengestalt; und 4) Götter in der immer als typisch ägyptisch empfundenen Mischform aus Tier und Mensch.

Heilige Gegenstände: Die Manifestation des Göttlichen in einem Gegenstand ist vielen Kulturen der Erde vertraut, und das alte Ägypten ist dabei nicht auszunehmen. Ein Fund in der Nekropole bei der Pyramide von Sesostris I. in Lischt gibt Einblick in diese Seite der altägyptischen Religion, die sonst fast nur durch Darstellungen in Flachbildern erhalten ist. Die architektonischen Reste der Mastaba des Oberpriesters von Heliopolis Imhotep datieren vom Ende der Regierungszeit Sesostris' I. oder aus den ersten Jahren seines Nachfolgers. In einer innerhalb der Umfassungsmauer eigens ausgesparten Kammer waren zwei menschengestaltige, als Schützer fungierende Götterfiguren und ein hölzerner Schrein beigesetzt, zweifellos nachdem sie bei den Bestattungsriten des Imhotep eine Rolle gespielt hatten. Als die Ausgräber die Flügeltüren des Schreins öffneten, fanden sie einen Gegenstand, den sie nach Darstellungen in der Flachkunst als *imiut* («der in seiner Wickelung») identifizieren konnten. Ursprünglich vielleicht eine eigene Gottheit, wurde dieses *imiut* schon im Alten Reich als eine Erscheinungsform des Nekropolen- und Balsamierungsgottes Anubis verstanden und später wiederholt in Begleitung des Osiris dargestellt. Das Lischter Exemplar, heute im Metropolitan Museum of Art aufbewahrt, gibt Auskunft über die Beschaffenheit eines solchen heiligen Gegenstands.

Ein hölzerner Stab mit rundem, verdicktem oberen Abschluss (eine Art überdimensionierter Schminkstab) steckt mit seinem unteren Ende in einer jetzt schwarzen, verfestigten Masse (wohl ursprünglich eine wohlriechende Salbe), die sich in einem typischen Salbgefäß aus Alabaster befindet. Am oberen Teil des Stabs ist ein aus gewickelten Leinenbinden hergestellter Gegenstand befestigt, der einen Tierbalg nachahmt. Der Balg hat keinen Kopf, aber zwei in Andeutung wiedergegebene Beine. Zu beachten sind die Reminiszenzen an alten Übel abwehrenden Jagdzauber (der Kopf des Tieres ist abgeschlagen worden), die rituelle Bedeutung des Leinenstoffs und der Wickelung für die Erlangung des Lebens nach dem Tod und die heiligende, erneuernde Wirkung der Salbe. Der *imiut*-Gegenstand ist demnach eine Kombination von Bedeutungsträgern, deren Material, Form, Zusammensetzung und Anordnung in langer Tradition festgeschrieben und damit geheiligt worden waren. Es ist nicht mehr auszumachen, in wie vielen Tempelschreinen des alten Ägypten die Gottheit durch bedeutungsträchtige Gegenstände von der Art des *imiut* aus Lischt vertreten war. Doch spricht vieles dafür, dass im religiösen Leben der Ägypter eine beträchtliche Zahl von heiligen Gegenständen eine zentrale Rolle gespielt haben.

Götter in Tiergestalt und in Mischformen aus Tier und Mensch: Der Glaube der alten Ägypter, dass Götter sich in Tieren manifestieren, und ihre Erfindung der Götterdarstellung, bei der ein Tierkopf auf einem Menschenkörper sitzt (Abb. 22), waren bereits den alten Griechen nicht mehr wirklich verständlich und führten in der Zeit der europäischen Aufklärung zu weitgehender Ablehnung der «hundsköpfigen Götter» Ägyptens, nicht zuletzt durch Goethe. Erst im 20. Jahrhundert hat sich das geändert. Thomas Mann zum Beispiel hat in «Joseph in Ägypten» den altägyptischen Götterbildern nachgespürt: «Ein Widder ist Amun, wie Bastet im Lande der Mündungen eine Katze ist und der große Schreiber von Schmun ein Ibis sowohl wie ein Affe. Denn sie sind heilig in ihren Tieren und heilig die

Tiere in ihnen [...].» Und zur Mischgestalt der tierköpfigen Götterdarstellungen schrieb Mann: «[...] vermählt sich das Tier mit dem Menschen, so ist's ein Gott [...].» Von wissenschaftlicher Seite hat dann vor allem Erik Hornung einen neuen Zugang zu den altägyptischen Tiergöttern eröffnet. «Im Laufe der ägyptischen Frühzeit», schreibt er, «vollzieht sich ein Prozess, den Thomas Mann mit der Formulierung im Auge hat ‹vermählt sich das Tier mit dem Menschen, so ist's ein Gott›. Neben die reine Tiergestalt treten Mischwesen, bei denen auf menschlichem Leib ein Tierkopf sitzt.» Es handelt sich dabei, so betont Hornung, keinesfalls um die Darstellung eines maskierten Priesters, «denn eigentlich bildet man nur Götter in dieser ‹numinosen Mischgestalt› ab, und der menschliche Anteil meint ja gerade, dass jenes Tier dem Menschen als göttliche Person entgegentritt.»

Schließlich sind es moderne bildende Künstler, die uns Heutigen nicht nur die altägyptischen Götter in ihrer Tier-Mensch-Mischgestalt verständlich machen, sondern auch zu dem Urschrecken zurückverhelfen, dessen Ausdruck die Mischgestalt letztlich war. In Max Ernsts «Die Einkleidung der Braut» (Abb. 28) hat die zentrale Frauenfigur eine federreiche Eule als Kopf; und der Mann mit dem Speer neben ihr hat den Kopf und die Schulterfedern eines Vogels. Hier ist eine – von der Kunstgeschichte als surreal bezeichnete – Welt sichtbar gemacht, in der die gewohnten Identitäten verwischt sind. «Du sprichst zu mir, und ich höre Dich nicht, ich bin vor Dir und kenne mich selbst nicht», stammelt in der altägyptischen Erzählung vom «Schiffbrüchigen» der auf einer Insel Gestrandete in der Gegenwart eines Gottes, der ihm als Schlange erschienen ist (nach der Übersetzung von Richard Parkinson): Im Angesicht des Gottes werden die Schranken der vertrauten Realität durchbrochen.

Die Ägypter teilten die Auffassung, Gott könne in einem Tier erscheinen, mit vielen Völkern der Erde. «Tiere», hat wiederum Erik Hornung formuliert, «bringen die Welt der Götter den Menschen nahe. Sie sind ideale Mittler zwischen den beiden Sphären, weil sie über die Möglichkeiten und Fähigkeiten des

Menschen in alle Richtungen hinausweisen, ihm die Ahnung und Andeutung einer ihn umgreifenden, überlegenen Sphäre vermitteln.» Von früh an war das Leben der Menschen im Niltal von der Natur, der Landschaft, Pflanzen- und Tierwelt, bestimmt, und die Tiere waren beim Ackerbau und bei der Jagd nicht nur Opfer, sondern mit unverkennbarer Dankbarkeit akzeptierte Gefährten des Menschen. So blieb es nicht dabei, dass Tiere – wie in fast allen Kulturen der alten Welt – das vornehmste Opfer an die Götter waren, sondern bestimmte Tiere wurden als lebende Vertreter von Göttern erfahren, in Tempelbezirken gehegt, in den Kult einbezogen und schließlich mumifiziert und bestattet. Die Bestattungsbräuche sind seit der 18. Dynastie immer deutlicher fassbar und haben in der Spätzeit, der Ptolemäer- und der Römerzeit einen nicht unerheblichen Teil des religiösen Lebens bestimmt. Erst heute erkennt man, dass diesem späten Tierkult nicht zuletzt auch Nostalgie zugrunde liegt; denn zu dieser Zeit war der Tierbestand des Landes bereits fühlbar reduziert.

Das Verhältnis der Götterstatue zum Königsbild

Mindestens seit der Frühzeit und dann durch die gesamte ägyptische Geschichte hindurch war die Herstellung von Götterbildern eine wichtige Aufgabe des Pharao. Annalistische Inschriften der ersten Dynastien berichten von der «Erschaffung eines Gottes» (das heißt eines Gottesbildes) als hauptsächlichem Ereignis während eines bestimmten Regierungsjahres verschiedener Könige. Unter den wenigen erhaltenen Götterbildern mit zweifellos kultisch-ritueller Funktion befindet sich eine Falkenfigur des Alten Reiches (Abb. 29), deren Körper aus gehämmertem Bronze- und deren Kopf aus gehämmertem Goldblech besteht. Eingelegte Augen aus Obsidian verleihen dem Werk eine suggestive Präsenz, die uns eine Ahnung von der Wirkung geben kann, die altägyptische Kultbilder ausgestrahlt haben müssen. Einst auf einer Standarte befestigt und damit wohl zu Zeiten auch in Prozessionen getragen, hat das Falkenbild im Lauf einer langen Geschichte (es wurde erst rund 1000 Jahre nach seiner Fertigung in einem Tempeldepot beigesetzt) vielfältige

Zusätze und Veränderungen erfahren. So ist die Krone wohl erst im Mittleren oder gar im Neuen Reich hinzugekommen. Eine kleine Königsfigur, von der einzig die Fußspuren vor der Brust des Vogels erhalten sind, datierte dagegen vielleicht bereits aus dem Alten Reich.

Während der Falke sein aktives kultisches Leben wohl fast ganz in der Verborgenheit eines Schreins verbracht hat, gewährte dem großartigen Pavian, der sich heute im Berliner Ägyptischen Museum befindet, der harte ägyptische Alabaster, aus dem er geschaffen ist, die Möglichkeit, auch ohne weiteren Verschluss in einer Kapelle oder Tempelhalle aufgestellt zu sein. Der obigen Unterscheidung von Funktionen ägyptischer Statuen folgend (s. S. 48) handelt es sich hier wohl um eine kultempfangende Statue. Vorne auf der flachen Basis ist der Name des letzten vorgeschichtlichen Königs, Narmer, aufgeschrieben; doch ist in dem Bildnis kaum dieser König in Paviansgestalt oder der später auch als Pavian erscheinende Gott Thoth dargestellt, sondern wahrscheinlich ein machtvolles Numen. Trotzdem bleibt die Inschrift des königlichen Namens ein wichtiger Hinweis darauf, dass hier ein Wesen aus dem Bereich der Götter durch die Mitwirkung des Pharao Gestalt angenommen hat.

Die enge bildliche Verbindung von Gottheit und König wiederholte sich unzählige Male während der gesamten ägyptischen Geschichte. In einem Höhlenheiligtum bei Saqqara zum Beispiel wurde vor etwa zehn Jahren eine Reihe von Götterbildern des Alten Reiches gefunden. Eine kopflose Tonstatue stellte einen liegenden Löwen dar, zwischen dessen Pranken eine kleine männliche Figur steht. Die Komposition ist mit dem Namen des Cheops beschriftet, und die männliche Figur wird wohl diesen Pharao darstellen. Zwei von mehreren Statuen einer weiblichen Göttin mit Löwenkopf sind von der Figur eines Königs im Kindesalter begleitet, und eine dieser Figuren ist mit dem Namen von Pepi I. beschriftet, während eine andere Göttin mit Löwenkopf auf dem Rückenpfeiler den Namen des Cheops trägt. Der Fund weist auf den Kult einer Löwengöttin in der Höhle hin, der mindestens von der 4. bis zur 6. Dynastie die Aufstellung von Statuen durch die regierenden Pharaonen angeregt hat.

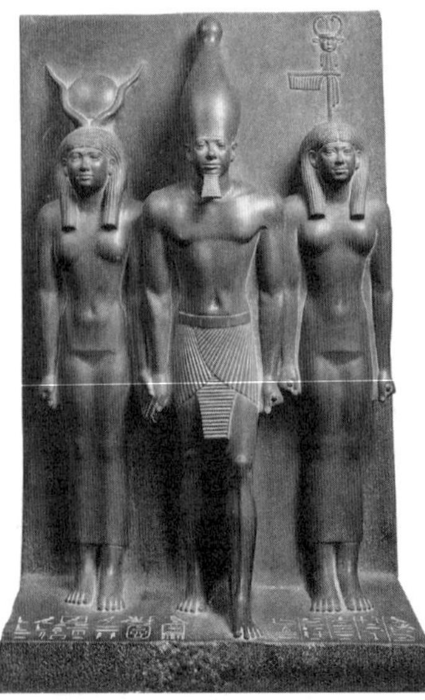

25 Mykerinos, die Göttin Hathor und die Gaugöttin von Diospolis Parva (Hiw), aus dem Taltempel der Mykerinospyramide, Giza, 4. Dynastie, Grauwacke, Ägyptisches Museum, Kairo

Das vielleicht Bemerkenswerteste an dem Höhlenfund von Saqqara sind neben den Namensinschriften die rundplastischen Figuren wenigstens zweier Könige. Blickt man sich unter den Götter- und Königsstatuen nicht nur des Alten Reiches um, so fällt auf, wie oft die Darstellung einer Gottheit in Verbindung mit einem Herrscherbild auftritt. Es ist in der Tat so, als ob die rundplastischen Bilder des Pharao nach ägyptischer Vorstellung die Fähigkeit besessen hätten, eine Gottheit sichtbar werden zu lassen. Neben seinen vielen anderen Rollen hätte damit der König Ägyptens auch die eines Katalysators in der bildlichen Verdinglichung des Göttlichen gehabt. Sehen wir uns einige Beispiele an.

Im Taltempel der Pyramide des Königs Mykerinos in Giza wurden vier vollständige und Reste von mehreren weiteren Statuengruppen aus Grauwacke gefunden (Abb. 25). Alle diese Gruppen zeigen den Pharao zusammen mit der Göttin Hathor und verschiedenen als göttlich zu verstehenden Personifikationen der Landesteile (Gaue) Ägyptens. Die Gruppen werden heute aufgrund der Dreizahl an Figuren meist Triaden genannt. Daneben gibt es eine Anzahl von Dyaden (Zweiergruppen): Statuen des Königs entweder mit seiner Mutter oder mit – vorwiegend weiblichen – Gottheiten. Es kann kaum ein Zweifel daran bestehen, dass es in allen diesen Gruppen zunächst und vorwiegend um den König geht. Die mütterliche Figur versichert ihn einer Wiedergeburt, Zepter und andere Symbole, die er in Händen hält, legitimieren seine Herrschaft, und die Gaue versorgen ihn in diesem wie im nächsten Leben mit Nahrungsmitteln und anderen Gütern. Allerdings hat man auch argumentiert, dass die wohl acht ursprünglich vorhandenen Triaden sich auf die acht wichtigsten Kultorte der Hathor beziehen. Dementsprechend hätte auch diese Göttin aus den Darstellungen im Pyramidenbereich des Königs einen kultischen Nutzen gezogen.

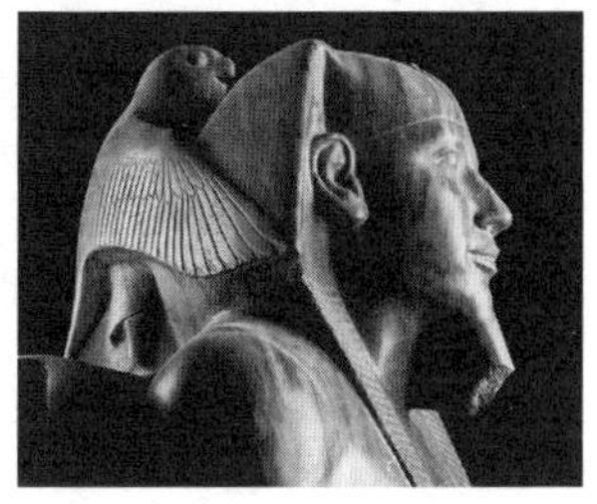

26 Teilansicht der Statue des Chephren mit Falkengott aus dem Taltempel der Chephrenpyramide, Giza, 4. Dynastie, Gneißdiorit, Ägyptisches Museum, Kairo

Ein weiteres Meisterwerk des Alten Reiches, der thronende Chephren im Kairener Museum (Abb. 26), war einst neben weiteren Statuen des thronenden Königs im Taltempel seiner Pyramide in Giza aufgestellt (Abb. 16). Doch zeigt nur diese eine Statue, die von besonderer künstlerischer Qualität ist, die Gestalt eines Falken am Hinterkopf des Pharao. Der Vogel, sicherlich eine Inkarnation des Himmels- und Königsgottes Horus, breitet die Flügel über die Seiten des Königskopftuchs. Als «schützend» wird diese Haltung des Gottesvogels im Allgemeinen beschrieben. Aber ist das alles? Haben wir nicht auch eine Epiphanie des Gottes im Rücken des Pharao vor uns? Denn es fehlt ja nicht viel, damit in diesem Bild der menschliche Kopf des Chephren durch den Falken ersetzt wäre und eine der mischgestaltigen Götterfiguren entstünde.

Das Ideal des Männlichen im alten Ägypten war der Schwerathlet. Die breiten Schultern, die muskulösen Arme und der schwere Torso, die kräftigen Knie und die großen Füße des Chephren entsprechen diesem Ideal vollkommen. «Ein Held ist er, der mit seinem Arm wirkt», rühmt Sinuhe den König Sesostris I. «Man erblickt ihn, wie er auf die Bogenvölker herabfährt und zum Angriff schreitet. Er ist es, der das Horn niederbeugt und den Arm schlaff macht, seine Feinde können die Schlachtreihen nicht ordnen. Er ist es, der den Mut kühlt und die Stirn spaltet, man kann nicht standhalten in seiner Nähe» (Übersetzung Erik Hornung). Das Reliefbild an der Seite von Chephrens Thron zeigt, warum solche Kraft nötig ist: Der Pharao musste die «beiden Länder», das Niltal und das Delta (vertreten hier durch die Wappenpflanzen Lilie und Papyrus) zusammenbinden. Und nur auf der Basis dieser Kraftanstrengung kann sich schließlich der zierliche Falke im Nacken des Pharao niederlassen: Die Königsmacht ermöglicht – und sichert – die Erscheinung des Gottes.

Spätere Schöpfungen haben die Verbindung von menschengestaltigem König und Vogelgott wiederholt und neu gestaltet. Daneben gab es eine Fülle von weiteren Kombinationen von Götter- und Königsbild. Die wohl einfachste war das Nebeneinanderthronen von Gott und Pharao, ein Bildtypus, der besonders im Mittleren und Neuen Reich sehr beliebt war. Könige wurden neben der Figur der Hathor, des Amun, des Sobek und vieler anderer Götter dargestellt. Manchmal war der Pharao auch von zwei Gottheiten flankiert. Oder er wurde stehend (Abb. 27), die Gottheit aber sitzend wiedergegeben. Dabei konnte der Gott (in Menschengestalt oder in Mischgestalt) dem Pharao das Lebenszeichen reichen, oder er (bzw. sie) konnte den König umarmen. In wieder anderen Statuengruppen war der König kleiner als die Gottheit, mit der er durch eine sachte Berührung Verbindung aufnahm. Oder aber der Pharao stand vor dem Gott – meist in derselben Richtung (nach vorn) blickend –, und der Gott legte seine Hand an die Krone des Königs.

Die Verbindung von König und tiergestaltigem Gott, wie sie die Chephrenstatue zeigt, gehört fest ins Repertoire der ägyptischen Herrscherbilder. Dabei ist im Neuen Reich die Gottheit oft größer als der Pharao. So steht Amenophis II. in einer Statue des Museums von Kairo vor der ihn überragenden schlangengestaltigen Fruchtbarkeitsgöttin Renenutet oder, in einer weiteren Statue, vor der Kuh der Hathor, an deren Euter er auch gelegentlich saugt. Viele Sphingen mit Tierköpfen (einem Widderkopf für Amun, einem Falkenkopf für Horus etc.) hielten zumal seit dem Neuen Reich eine Königsfigur zwischen ihren Pranken, den König zugleich schützend und als Mittler darbietend.

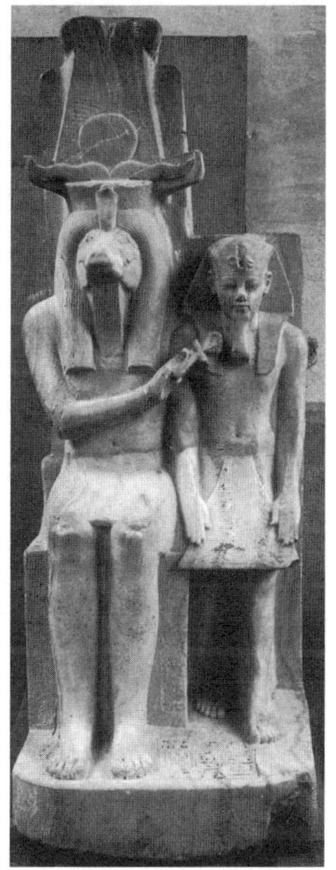

27 Amenophis III. und der Gott Sobek, aus einem Heiligtum in Rizerkat, 18. Dynastie, Kalkstein, Luxor-Museum, Luxor

Im Bild der Sphinx zeigt sich besonders eindrucksvoll, wie komplex die Verbindung von König und Gott gestaltet war. Anders als bei den meisten Götterbildern in Mischform ist bei Sphingen der (Löwen-)Körper das tierische, der Kopf das menschliche Element; und dieser Kopf ist in den meisten Fällen der eines Königs mit *nemes*-Kopftuch. Diese Art von Sphinx ist also eine Erscheinungsform des Pharao. Auch der Königsgreif, bei dem ein Falkenkopf auf einem geflügelten katzenartigen Körper sitzt, stellt den im Kampf triumphierenden Pharao dar (Abb. 40). Daneben gibt es schon im Alten und dann vor allem im Mittleren Reich die weibliche Sphinx, die – vielleicht in Analogie zu der für den König so wichtigen Löwengöttin – eine Königin oder Prinzessin darstellt. Dagegen repräsentieren die meisten Sphingen mit Tierköpfen die jeweils durch den Kopf spezifizierte Gottheit.

Der zwischen Königs- und Götterdarstellung schwankende Doppelcharakter der Sphinx kommt am eindrücklichsten in der großen Sphinx von Giza zur Erscheinung (Abb. 13). Die Gesichtszüge des menschlichen Kopfes dieser Riesensphinx sind am ehesten die des Chephren, und die ursprüngliche Funktion des aus dem Fels herausgemeißelten Bildwerks war wohl die eines königlichen Schützers des Pyramidenbezirks. Allerdings wurde bereits zur Zeit ihrer Entstehung ein Tempel direkt vor der Sphinx von Giza angelegt, ein Zeichen, dass man sie durchaus als Kultempfänger, ja vielleicht sogar als Kultbild verstand. Damit war das königliche Löwenbild den Statuen im Pyramidentempel funktional mindestens gleichgesetzt. Dann aber geschah spätestens im Neuen Reich etwas Erstaunliches: Man begann, das ursprüngliche Königsbild als einen Gott, eine Form des Sonnengottes, zu verehren. Darstellungen auf Stelen geben nun auch eine kleine Königsfigur zwischen den Pranken der Sphinx wieder wie bei jenen anderen Sphingen, die als Götterdarstellungen angesehen wurden. Der Sonnengott in der Sphinx erschien dann auch dem späteren Pharao Thutmosis IV. als Kronprinz im Traum und verhieß ihm die Königsherrschaft, wenn er die Figur vom Sand befreie.

Die Wirkung des Pharao als Katalysator bei der Sichtbarwerdung von Gottheiten im Bild kam auch im Statuenprogramm von zwei königlichen Totenkultbezirken zum Ausdruck. Beide Bezirke galten zunächst einmal eben dem Totenkult eines bestimmten Königs, und dieser wurde vordringlich mit Bildwerken bedacht. Hinzu kam aber in beiden Fällen eine große Zahl von Götterbildern. Der erste Bezirk dieser Art ist der von den Griechen «Labyrinth» genannte Tempel bei der Pyramide Amenemhets III. von Hawara, der zweite der Totentempel Amenophis' III. von Kom el-Hetan in Theben-West; vor dem Pylon dieses Tempels thronten die riesigen Sitzbilder des Königs, die Griechen als Darstellungen ihres Heros Memnon auffassten. Im «Labyrinth» Amenemhets III. wurden vor allem Statuen der lokalen Götter der Fajjum-Oase aufgestellt, an ihrer Spitze Bilder des Krokodilgottes Sobek. Daneben ehrte man die schlangenleibige Fruchtbarkeitsgöttin Renenutet und wohl auch Hathor. Im Tempel von Kom el-Hetan standen Hunderte von Statuen der löwenköpfigen Sakhmet, dazu Hathor oder eine andere kuhköpfige Göttin, Isis, Ptah, der Nilgott Hapi und so viele andere Götter, dass es heute kaum ein Museum ohne mindestens einige dieser Götterbilder aus dem Memnoneion gibt.

Die Inspiration zu diesen Versammlungen von Götterbildern kam von Reliefdarstellungen in den Pyramidentempeln des Alten und Mittleren Reiches. Dort gab es traditionell einen Vor-

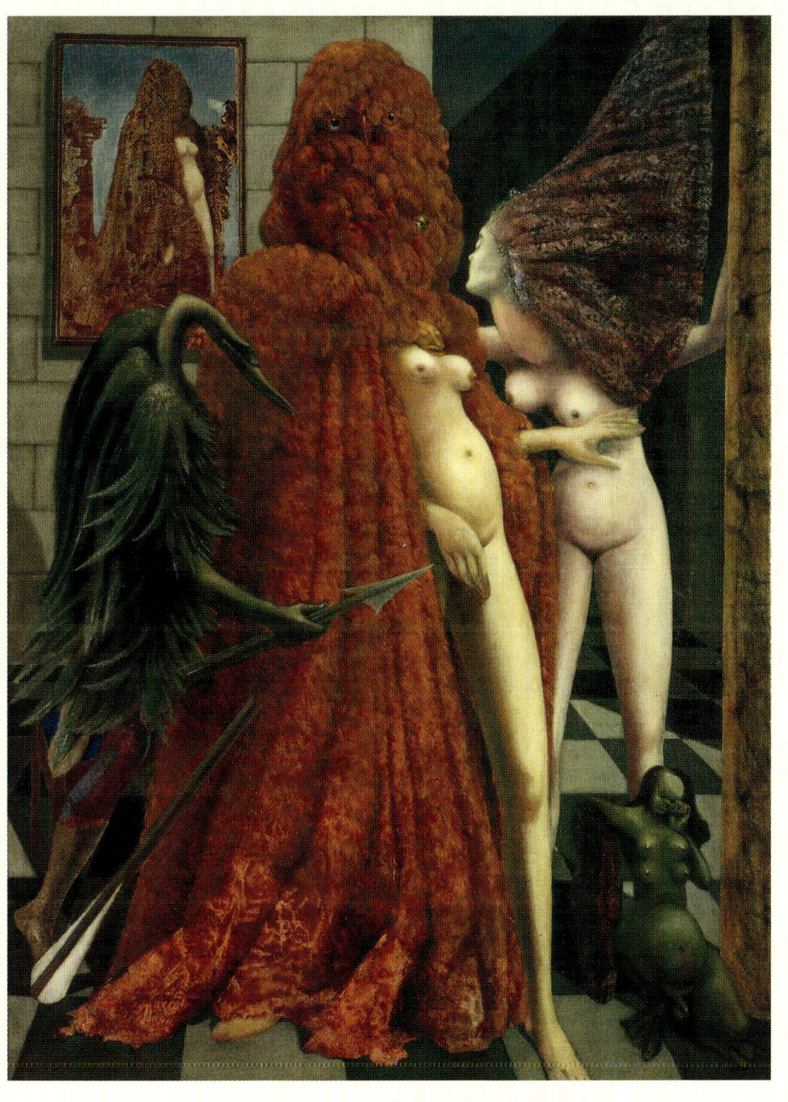

28 Max Ernst, Die Einkleidung der Braut, 1940, Öl auf Leinwand, Sammlung Guggenheim, Venedig

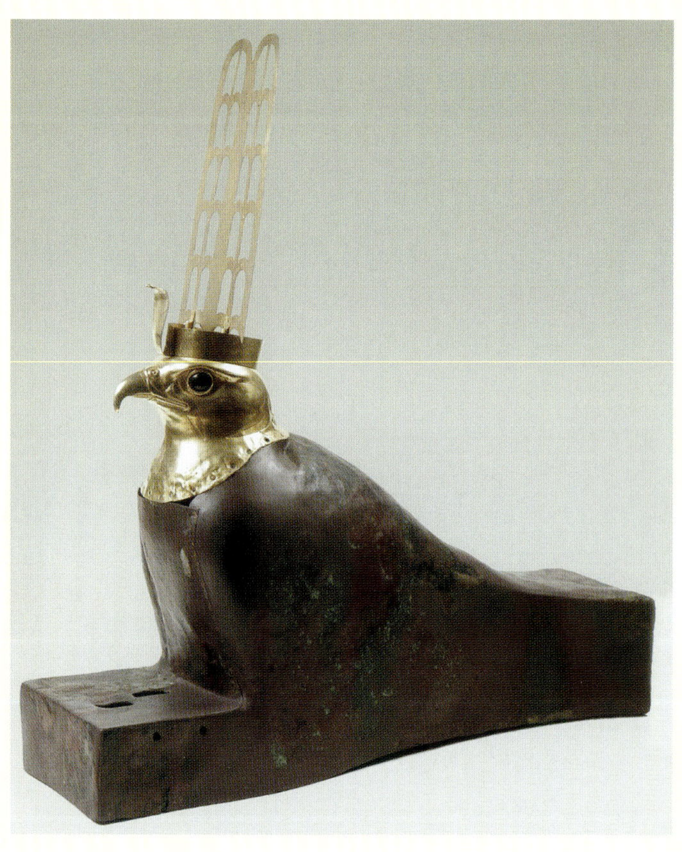

29 Falkenfigur von einer Standarte, gefunden in einer ummauerten Grube im Zentralraum des Tempels von Hierakonpolis (Kom el-Ahmar), Altes Reich, Krone und Königsfigur später angefügt, gehämmertes Kupfer- und Goldblech, Kupfer- und Goldnägel, Obsidian (Augen), Ägyptisches Museum, Kairo

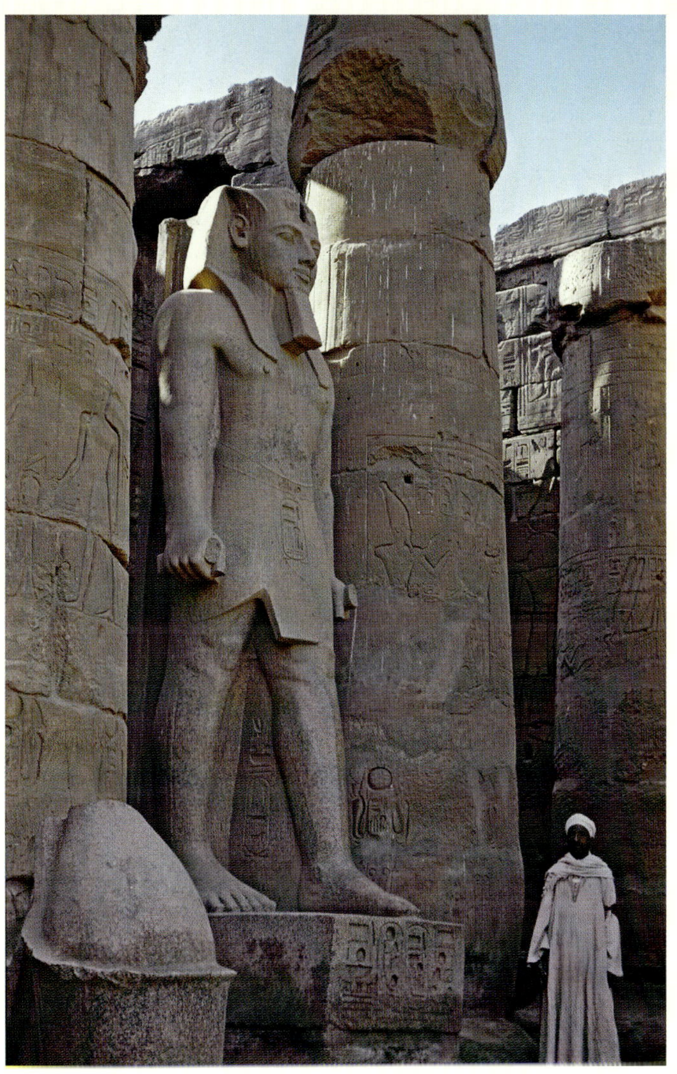

30 Kolossalstatue Ramses' II. im Hof des Luxor-Tempels, Luxor, 19. Dynastie

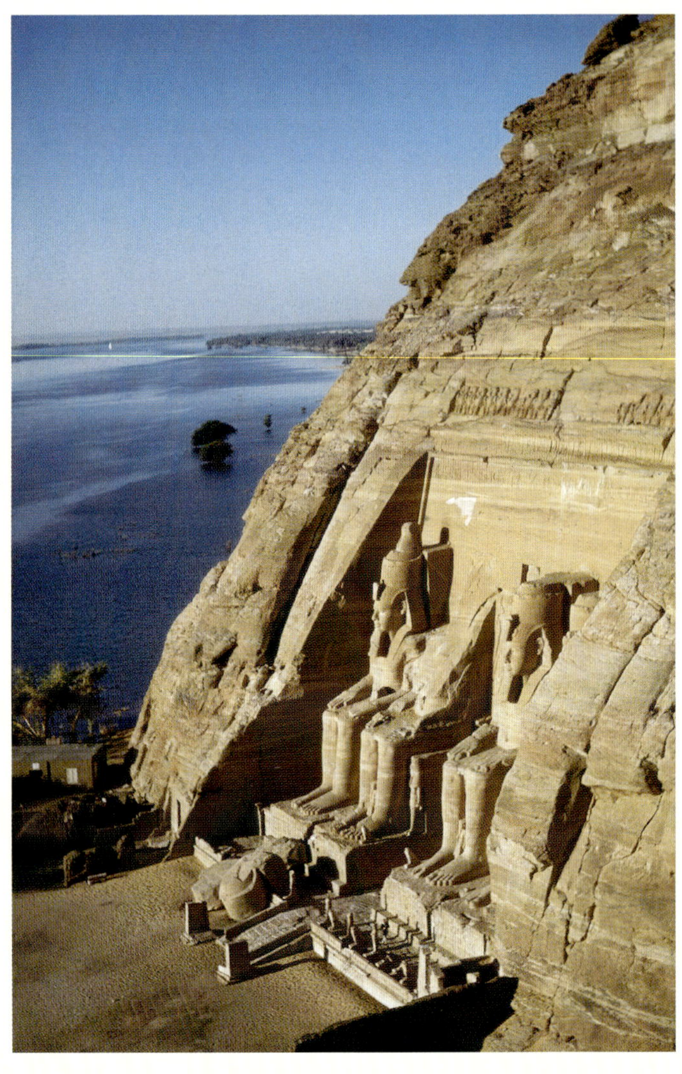

31 Front des Tempels von Abu Simbel mit Kolossalstatuen Ramses' II., Zustand vor der Versetzung des Tempels, 19. Dynastie

raum zur Opferkapelle, dessen Dach von einer einzigen Säule getragen wurde. Von französischen Ägyptologen *antichambre carée* getauft, war dieser Raum mit Reliefs geschmückt, die regelmäßig lange Reihen von Göttern darstellten (s. S. 37–38). Man geht davon aus, dass diese Reliefs auf Festlichkeiten zu Ehren des Pharao zurückgehen, bei denen sich die Götter um den König versammelten, um ihn in seiner Herrschaft zu bestätigen. Möglicherweise hat es in der Frühzeit Feste dieser Art gegeben, bei denen die Bilder der Götter des Landes zusammengetragen wurden. Die Statuen in den beiden genannten Tempelbezirken können durchaus als eine Art von Rückübersetzung der Reliefdarstellungen ins Dreidimensionale aufgefasst werden. Letztlich wären sie dann versteinerte Darstellungen der frühzeitlichen Festlichkeiten.

Der Pharao

Herrscherbilder, die nicht in Verbindung mit dem Bildnis einer Gottheit standen, haben über die Zeiten hinweg die verschiedensten Aspekte des ägyptischen Königtums zur Anschauung gebracht. Zum einen wurde der König als Vollzieher des Kults dargestellt. Wie bereits beschrieben säumten Statuen der kniend opfernden Hatschepsut die Prozessionsstraße entlang der Mitte des zweiten Hofes in ihrem Tempel in Deir el-Bahri (Abb. 6). Der Statuentypus war bereits im Alten Reich bekannt. Zwei Statuen der betenden Hatschepsut flankierten außerdem den Eingang zum Sanktuar ihres Tempels. Dieser Statuentyp, bei dem die Hände des Pharao flach auf dem Schurz liegen, wurde zuerst im späteren Mittleren Reich entwickelt. Im Neuen Reich wird dann der König oft als Träger heiliger Standarten dargestellt. Ein mannshoher, von Götterköpfen oder Symbolen gekrönter Pfahl, eben die Standarte, lehnt gegen die Schulter – oder, wenn es zwei Standarten sind, die Schultern – des Königs, der das untere Ende des Pfahls mit einer Hand oder beiden Händen umfasst. Auch ein solches Herbeibringen eines tragbaren Götterbildes war sicherlich eine Kulthandlung.

In einen ähnlichen Zusammenhang gehört das ungewöhnliche Doppelbild des Königs Amenemhat III. in Kairo. Auf vorgestreckten Händen bieten die beiden nahezu identischen Figuren

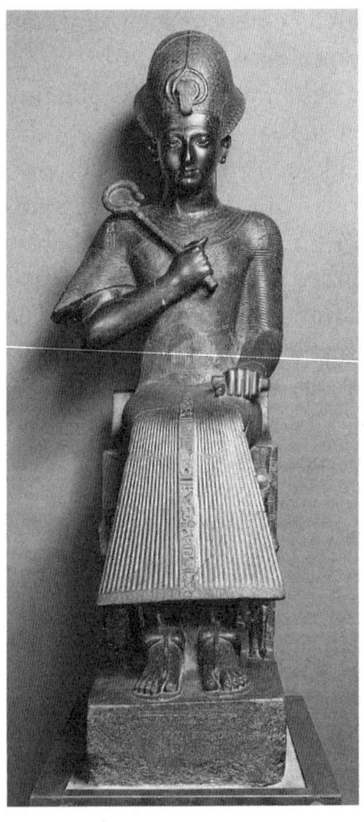

32 Ramses II. mit Krummstab, 19. Dynastie, Granodiorit, Ägyptisches Museum, Turin

des Königs den Göttern Fische dar, während Lotuspflanzen und große, an einer Lotusblüte saugende Fische vorne und seitlich von ihren Armen herabhängen. Die beiden Königsfiguren tragen urtümliche Lockenperücken mit Zöpfen am Hinterkopf, und ihre Bärte haben die breite, vielleicht von mesopotamischen Vorbildern angeregte Form, die wir von frühzeitlichen Männerfiguren kennen. Die Statuengruppe aus erdig schwarzem, poliertem Granodiorit wurde in Tanis im nordöstlichen Nildelta gefunden, stand aber ursprünglich entweder in Heliopolis, dem in der Nähe der alten Hauptstadt Memphis gelegenen Kultort des Sonnengottes, oder im «Labyrinth» von Hawara, jenem außergewöhnlichen zweiten Pyramidenbezirk des Königs am Eingang zur Fajjum-Oase. In der mysteriösen Doppelgestalt ist eines der unvergesslichsten Bilder eines Pharao erhalten, in dem dieser durch Opferung von Sumpf- und Wasserprodukten an die Götter die Fruchtbarkeit des Landes zugleich erbittet und garantiert.

In anderen Statuen – vorwiegend im Neuen Reich und besonders unter Echnatons Vater Amenophis III. – wurde das Königsbild selbst zum Kultobjekt. Ein besonders eindrückliches Beispiel ist das unter dem Hof des Tempels in Luxor gefundene und heute im Museum von Luxor ausgestellte Bildnis von Amenophis III. aus Quarzit, das auf einem Schlitten steht. Auf Schlitten wurden Särge, Kanopenkästen und Statuen gezogen, wenn sie mit allen nötigen Riten zum Bestattungsort oder zu einem Heiligtum gebracht wurden.

Ferner hat auch die ägyptische Kunst den Pharao als «guten Hirten» seines Volkes in zeitgemäßer Tracht und mit freundlich geneigtem Kopf verewigt. Das Bildnis in Turin ist das berühmteste dieser Art (Abb. 32). Es stellt ausgerechnet Ramses II. dar, der uns sonst so oft in megalomanen Kolossalbildern entgegentritt (Abb. 30). Kolossale Sitz-, Stand- und Schreitbilder des ägyptischen Königs wurden besonders an Tempeleingängen und in Tempelhöfen aufgestellt. Das früheste Beispiel, von dem nennenswerte Reste erhalten sind, befand sich im Hof des Pyramidentempels des Userkaf, des ersten Königs der 5. Dynastie. Sein immerhin 75 Zentimeter hoher Kopf wird heute im Museum von Kairo aufbewahrt. Wenn das vollständige Werk ein Sitzbild war, betrug dessen Höhe mehr als vier Meter. Kolossalstatuen wurden sodann in großer Zahl für die Könige der 12. Dynastie geschaffen. Im Neuen Reich schließlich erreichten manche Sitzbilder von Amenophis III. («Memnonkolosse») und Ramses II. Höhen von über zwanzig Metern (Abb. 31).

Die europäische Romantik hat die ägyptischen Kolossalstatuen in ihrem zerfallenen Zustand, in dem sie am Anfang des 19. Jahrhunderts aufgefunden wurden, als Symbole der Vergänglichkeit jeder menschlichen Herrschaft aufgefasst. Berühmtestes Zeugnis ist das Gedicht «Osymandias» von Percy Bysshe Shelley. Der englische Dichter schrieb es 1818 unter dem Eindruck von Berichten über die Statuenreste aus dem Totentempel Ramses' II., die wenig später ins Londoner Britische Museum kamen. Die von ihm zitierte Inschrift ist – die Hieroglyphen waren noch nicht entziffert – ein bei Diodorus Siculus angegebener erfundener Text:

Ein Wanderer sprach mir von antikem Land:
«Zwei Beinkolosse, rumpflos, steingehauen,
Stehn in der Wüste ... Nah, zerschellt im Sand,
Versunken halb, ein Haupt. Der herrischen Brauen
Und Runzellippen Grimm, kalt und mokant,
Zeigt, dass der Steinmetz jenen Wahn gut las,

Der beides überlebt im toten Wenig:
Die Hand, die ihn geäfft, das Herz, das er zerfraß.
Und eine Inschrift auf dem Sockel sagt:
‹Ich, Osymandias, bin der Könige König.
Schaut auf mein Werk, ihr Mächtigen, und verzagt!›
Nichts übrig sonst. Rund um die Eitelkeit
Des Trümmerriesen, der dort einsam ragt,
Dehnt öd und eben Sand sich endlos weit.»

(Übersetzung Klaus Bartenschlager)

Heute müssen wir versuchen, die Existenz derartiger Riesenwerke in unser Bild vom alten Ägypten einzugliedern. Dabei hilft zum besseren Verständnis der Kolossalbilder von Abu Simbel (Abb. 31) deren geographische Lage im alten Nubien. Zur Festigung der ägyptischen Herrschaft betonten die pharaonischen Tempelbauer dort die Göttlichkeit des Königs. Die Funktion von Kolossen innerhalb Ägyptens selbst war hingegen am ehesten die von Schutzbildern. Wie Löwen und Sphingen am Eingang und in den Höfen der Tempel aufgestellt, zeugten sie von der Macht des Herrschers und dessen Fähigkeit Unheil abzuwenden. Letztlich waren die Kolossalbilder also ein Mittel, die Königsherrschaft, die das Leben des Volkes umfassend bestimmte, sichtbar zu machen.

Wir pflegen monumentale Ausmaße bei vorgeschichtlichen Bauten (wie etwa den neugefundenen Tempeln von Göbekli Tepe in der Türkei, den Tempeln von Malta oder dem Steinkreis von Stonehenge) als Zeichen frühen menschlichen Könnens und gemeinschaftlicher Anstrengungen zu bestaunen. Vor übergroßen Herrscherbildern kommen uns jedoch unangenehme Erinnerungen an die Statuen von Diktatoren und Unterdrückern unserer Zeit. Vielleicht ist das – zumindest bis zu einem gewissen Grade – ungerecht, und man sollte auch beim Anblick der antiken Kolossalbilder nicht vergessen, darüber zu staunen, wie Menschen des vortechnischen Zeitalters eine solche Leistung zustande bringen konnten. Wie etwa konnte man die riesigen Memnonkolosse aus dem bei Kairo gelegenen Steinbruch bis ins 800 Kilometer weiter südlich gelegene Theben schaffen? Trotzdem bleibt beim heutigen Betrachter der Kolosse ein Unbehagen zurück, und umso interessanter sind die Ansätze zu einer Infragestellung des traditionellen Herrscherbildes, die man im alten Ägypten selbst feststellen kann.

Ungewöhnliche Herrscherbilder

Die Königsbilder der späten 12. Dynastie: Die Kunstgeschichte hat sich nicht leicht damit getan, die Königsbilder der späten 12. Dynastie zu verstehen, die auf ihre Art das traditionelle Bild des ägyptischen Pharao als starker Mann hinterfragen (Abb. 33, 38). Während sie von den einen als erste «echte» Porträts individueller Könige gefeiert wurden, haben andere in diesen Skulpturen eher Darstellungen überindividueller Herrschereigenschaften gesehen. Doch sind die Gesichter der beiden Könige Sesostris III. und Amenemhet III., um die es hier geht, bei der überwiegenden Zahl der erhaltenen Statuen unschwer zu unterscheiden, und zwar aufgrund von bestimmten, nicht stilistisch erklärbaren Gesichtszügen. Da zweifellos die ägyptischen Bildhauer und ihre Auftraggeber diesen Merkmalen die Funktion von Hinweisen auf eine bestimmte Persönlichkeit gaben, liegt es nahe anzunehmen, dass es für die nicht-idealisierenden Gesichtszüge dieser Werke eine gewisse Grundlage im wirklichen Aussehen der Könige gegeben haben muss.

Nun finden sich veristische Einzelzüge auch in anderen Herrscherbildern Ägyptens. Die Nase des Mykerinos (Abb. 25) zum Beispiel mit ihrem knopfartig runden Ende und seine leicht hängenden Wangen sind in allen Bildnissen dieses Pharaos der 4. Dynastie zu finden. Die Bildnisse der Könige Sesostris III. und Amenemhet III. sind trotzdem von besonderer Art, weil hier von der Norm abweichende Gesichtszüge nicht nur zur Charakterisierung eines bestimmten Herrschers dienen, sondern darüber hinaus ein vorher nicht gewagtes Bild des ägyptischen Königtums vermitteln. Sesostris III. könnte sehr wohl auffallend kugelige, vorstehende Augäpfel gehabt haben. In den Darstellungen seines Gesichts erinnern sie zunächst einmal an die runden Augen des Königsfalken (Abb. 29). Umso bemerkenswerter ist, dass diese Augäpfel in den Statuen des Königs von dicken

Lidern fast zur Hälfte überdeckt sind (Abb. 38). Kein durchdringend strahlendes Falkenauge blickt uns an, sondern ein ermüdeter Mensch hat seine Aufmerksamkeit nach innen und auf sich selbst gerichtet.

Unter den Augen sieht man die sprichwörtlichen Säcke, und darunter führen Furchen quer über das Gesicht. Nach ägyptischer Tradition sind solche Furchen ein Zeichen fortgeschrittenen Alters und bedeuten dann immer auch Lebenserfahrung und Dienst in einem verantwortungsvollen Amt. In Bildern der Pharaonen wird allerdings normalerweise das Alter nicht dargestellt, und in keinem der Bildnisse Sesostris' III. oder Amenemhets III. sind Altersmerkmale am Körper des Königs zu finden. Selbst in den Gesichtern von Sesostris III. setzten die Bildhauer der Ermüdung und Lebenserfahrung, die sich in den Augen und Gesichtsfalten abzeichnen, die Stärke der riesigen, gleichsam hörbereiten Ohren sowie die Energie des breiten Kinns und des kantigen Unterkiefers entgegen. Dazu kommt, dass der schmallippige, in weiches Fleisch eingebettete Mund in den erhaltenen Bildnissen des Herrschers jeweils recht verschieden gestaltet wurde, ein Beweis dafür, dass man von diesem Pharao nicht nur die Güte erwarten konnte, die im leichten Lächeln einiger Skulpturen ausgedrückt sein mag (Abb. 38), sondern auch die Unerbittlichkeit, die sich in der vorgeschobenen Mundpartie und den heruntergezogenen Mundwinkeln der Sphinx im Metropolitan Museum zeigt.

Die Bilder des Sohnes, zeitweiligen Mitregenten und Nachfolgers Amenemhet III. (Abb. 33) unterscheiden sich eindeutig von denen des Vaters. Die eng beieinanderstehenden, runden Augäpfel Sesostris' III. sind bei Amenemhet III. nicht zu finden, obgleich dessen mandelförmige Augen gleichfalls von schweren Lidern teilweise bedeckt sind. Das Gesicht des jüngeren Königs ist breiter als das des älteren, die Backenknochen sind härter herausgearbeitet, und die Gesichtsmuskulatur ist, wenn auch nicht ohne meist flachere Furchen, frischer und runder. Besonders ausdrucksvoll ist wiederum der Mund, der bei diesem König durch sinnlich volle, im Doppelbogen geschwungene Lippen gekennzeichnet ist. Mit wenigen Ausnahmen strahlen die Bild-

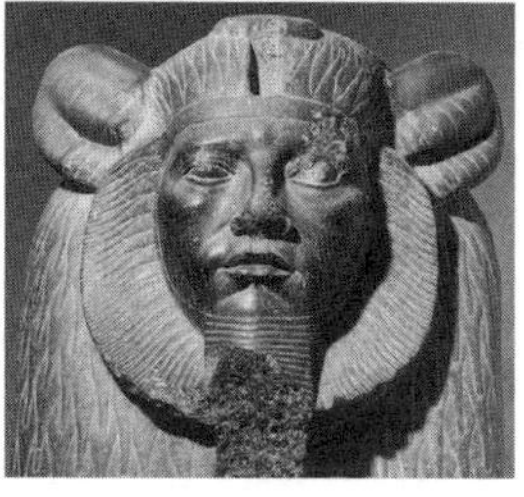

33 Kopf der Mähnensphinx des Königs Amenemhet III. aus Tanis, 12. Dynastie, Granodiorit, Ägyptisches Museum, Kairo

nisse Amenemhets III. vermöge dieser Formung eine gewisse lebensbejahende Jugendlichkeit aus. Ob der König dadurch als Juniorpartner in der gemeinsamen Koregentschaft gekennzeichnet wurde oder ob man bestrebt war, die regenerative Lebenskraft des Pharao neu zu unterstreichen, muss offenbleiben. Sicher ist, dass den Bildnissen Amenemhets III. das Angestrengte, fast grüblerisch Zweifelnde der Darstellungen seines Vaters fehlt. In einigen Skulpturen, die sicherlich in seiner späteren Regierungszeit entstanden, sind die meisten der ungewöhnlichen Züge zurückgenommen, sodass der Pharao wieder so, wie er sein sollte, zum Vorschein kommt. Danach ist es faszinierend zu beobachten, wie in der folgenden 13. Dynastie, die eine Reihe hochrangiger Königsbilder hervorgebracht hat, das Mittel einer stilistischen – nicht veristischen – Identifizierung einzelner Herrscher wieder die Vorherrschaft gewinnt.

Womit kann die weitgehende Sonderstellung der Königsbilder von Sesostris III. und Amenemhet III. erklärt werden? Eine Möglichkeit wäre, sie auf den Einfluss der bedeutenden Literatur der 12. Dynastie zurückzuführen. Der britische Ägyptologe Richard Parkinson hat diese Literatur (zu der etwa auch die «Geschichte des Sinuhe» gehört) folgendermaßen charakterisiert: Die Schriften «klagen über die Mangelhaftigkeit von Individuen, der Gesellschaft und sogar des Kosmos; gegen Maat (gerechte Weltordnung) setzen sie Falschheit, Unrecht, Unordnung und Chaos. Sie stellen Fragen hinsichtlich der Existenz von Unvollkommenheit und Leiden [...] äußern Zweifel an der Gerechtigkeit der Götter». Der König erscheint innerhalb dieser Literatur auch als fehlbarer Sterblicher, der als Herrscher sogar für Taten verantwortlich ist, die seine Untergebenen begangen haben. «Sieh, eine schändliche Tat geschah zu meiner Zeit», gesteht der Herrscher der nördlichen Landeshälfte in der an seinen Nachfolger König Merikare gerichteten Schrift, «geplündert wurden die Friedhöfe im Gau von This. Es geschah jedenfalls als meine Tat, obwohl ich erst davon erfuhr, als es geschehen war» (Übersetzung Hellmut Brunner). In der «Lehre des Königs Amenemhet» wird ein Angriff auf das Leben eines Königs geschildert: «Nach dem Abendessen war es, die Nacht war gekommen [...] Ich lag auf meinem Bett, nachdem ich ermattet war [...] Plötzlich wurden Waffen gezückt [...] Zum Kampf erwachte ich, als ich (wieder) bei mir war und gefunden hatte: das ist ein Handgemenge der Wachen! Was das ‹Ich ergriff schnell die Waffen mit meiner Hand, und schon habe ich die Feiglinge durch Gegenwehr zurückgetrieben› betrifft: Es gibt aber doch keinen Tapferen in der Nacht, nicht den Kampf eines Einzelnen [...]» (Übersetzung Günter Burkard). «Es gibt aber doch keinen Tapferen in der Nacht»: ungeheuerliche Worte eines Pharao!

Es handelt sich bei der Literatur der 12. Dynastie keineswegs um Untergrundliteratur, sondern um Schriften, die der gesamten Elite bekannt waren. Hier fand ganz offensichtlich ein ernsthaftes Nachdenken über die Welt, die herrschende Gesellschaftsordnung und den Menschen statt, das die Elite billigte, unterstützte und mittrug. Nimmt es da Wunder, dass im Lichte dieser Literatur auch das visuelle Bild des Pharao als athletischer Vorkämpfer begann, hohl und nichtsagend zu erscheinen? Sieht man die Bildnisse von Sesostris III. und Amenemhets III. als eine Antwort auf die Literatur und Gesellschaftskritik der 12. Dynastie, so wird ihre Sonderstellung in der Kunstgeschichte verständlich, und sie bestätigen auf ihre Weise die Bedeutung, die dieser Literatur für unser Bild vom alten Ägypten zukommt.

Amarna, Echnaton und die weibliche Seite des Pharaonentums: Ein Aspekt der bildenden Kunst unter Echnaton ist die radikale Neufassung, die das Königsbild wenige Jahre nach der Thronbesteigung Echnatons als Amenophis IV. erfuhr. Ort des Geschehens war noch Theben, wo in einem eigenen Tempel für Aton, den Echnaton als alleinigen Gott propagierte, fast zwölf Meter hohe Kolossalbilder des Königs und seiner Königin Nofretete aufgestellt wurden. Die Bildwerke müssen auf jeden, der sie sah, schockierend gewirkt haben, und sie tun es heute noch, wenn man sie im Kairener Museum (Abb. 34), im Louvre oder im Museum von Luxor zu Gesicht bekommt.

Ein riesengroßer Kopf mit überlängtem Gesicht, Schlitzaugen, nicht-enden-wollender Nase und einem blütenhaft vollen Mund sitzt auf einem langen, dünnen Hals. Die Schultern sind schmal, und die spindeldürren gekreuzten Arme enden in großen, knochigen Händen, die Krummstab und Geißel, die königlichen Insignien, halten. Die sehr schmale Taille liegt so hoch, dass der ganze Oberkörper viel zu kurz erscheint. Dagegen wirken dann die vom Schurz eng umschlossenen Hüften und Oberschenkel überlang und mächtig, ein Eindruck, der durch die wie verkümmerten schmalen und kurzen Unterschenkel noch verstärkt wird. Der kantige, schwere Gürtel hängt in einem tiefen Bogen bis unter den Nabel herab, und über ihm wölbt sich der Bauch des keineswegs athletischen Herrschers. Dicke Plaketten neben dem langen Bart, an den Armen und vorne an der Taille wirken wie auf den Körper aufgeklebt. Sie tragen die Namen des neu propagierten Gottes Aton. Der Kopf des Königs schließlich ist von einer schweren Doppelkrone gekrönt, und neben dem Gesicht breiten sich die riesigen, gewölbten Seitenteile des zeremonialen *chat*-Kopftuches aus, das Stirn und Haar bedeckt.

Dieses Königsbild, dessen – sagen wir es offen – Hässlichkeit nicht nur das Gesicht, sondern vor allem auch den Körper kennzeichnet, ist so abnorm, dass man immer wieder versucht hat, die Krankheiten zu benennen, an denen Echnaton gelitten haben müsse – zu Unrecht, denn die Überlängungen, Verkürzungen und Verzerrungen sind in zeitgleichen Statuen und Reliefbildern auch an nicht-belebten Gegenständen wie Kronen, Stühlen oder Säulen zu erkennen. Hier spricht eine neue Kunstform, die darauf aus ist zu erstaunen, ja zu erschrecken. Der überirdische Charakter des Pharao und seine betont emotionale Bindung an den einen Gott drücken sich in einer bisher nicht gesehenen Formensprache aus, die mit Absicht das Deformierte sucht. Der Kunstfreund kann nicht umhin, an Bilder etwa von El Greco zu denken.

Im fünften Jahr seiner Regierung entschloss sich Echnaton, die traditionellen Königssitze von Memphis und Theben zu verlassen und im mittelägyptischen Amarna – nicht weit von der alten, dem Gott Thoth geweihten Stadt Hermopolis – auf bisher nicht besiedeltem Boden eine neue Residenz zu gründen, die er nicht mehr zu verlassen schwor. Man hat zeigen können, dass die Bildhauer und anderen Künstler von Amarna nicht unbedingt dieselben waren wie die Thebaner Künstler. Die meisten stammten wohl eher aus dem mittelägyptischen Raum um Hermopolis. Jedenfalls änderte sich der Charakter der Bildwerke sehr bald nach dem Umzug des Hofes nach Amarna. Die extremsten Elemente wurden gemildert, und es entstand der eigentliche Amarnastil, repräsentiert vor allem durch die Werkstatt, die man gewöhnlich mit dem Namen des Thutmosis, eines «Vorstehers der Arbeiten und Bildhauer», verbindet, obgleich dieser Name in dem betreffenden Gebäudekomplex nur einmal, auf einer Pferdescheuklappe, belegt ist.

Die Werkstatt, die nach Ausweis der vielen das Hauptwohnhaus umgebenden Gebäude eine beträchtliche Zahl von Bildhauern, Gipsformern und sicher auch Handlangern beschäftigte, war auf zweierlei Arbeiten spezialisiert: das Formen von Köpfen in Gips und die Herstellung von Köpfen für Kompositstatuen. Letztere sind Bildwerke, bei denen die sichtbaren Körperteile wie Gesichter, Arme, Hände und Füße aus meist rötlichem oder gelbem Stein, die Gewänder dagegen aus weißem Steinmaterial und Haare oder Perücken aus entsprechend gefärbten Materialien wie Fayence oder vergoldetem Holz gefertigt wurden. Komplette Statuen wurden in der Werkstatt des Thutmosis offenbar erst in deren Endphase produziert. Als der königliche Hof nicht lange nach Echnatons Tod Amarna verließ, beschloss der Werkstattleiter vermutlich, verschiedene Stücke in einem kleinen Raum zu Seiten des ersten Empfangsraumes in seinem Wohnhaus zu deponieren. Man glaubte anscheinend nicht mehr, dass man diese Stücke – ganz überwiegend Darstellungen der königlichen Familie und von Angehörigen des Hofes – noch einmal würde brauchen können. Ein Glücksfall erhielt die Deponie in unberührtem Zustand, bis sie im Jahr 1912 von Ludwig Borchardt, dem Leiter der Grabungen der Deutschen Orientgesellschaft, aufgefunden wurde. Es ist der

Fund, dem wir den Kopf der Nofretete (Abb. 36) und die vielen anderen Bildwerke aus der Thutmosis-Werkstatt verdanken, die heute fast alle im Ägyptischen Museum in Berlin aufbewahrt werden. Eine ganze Reihe von weiteren Bildhauerwerkstätten wurde im Stadtbereich von Amarna meist von Ausgräbern der britischen Egypt Exploration Society gefunden, eine einmalige Grundlage für das Studium ägyptischer Bildhauerei.

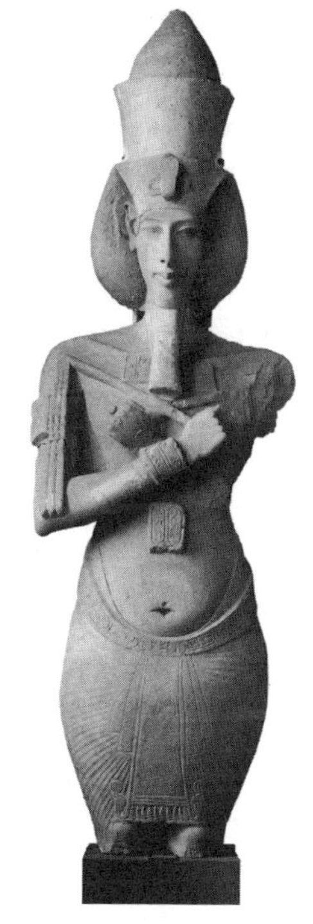

34 Kolossalstatue des Echnaton aus Karnak, 18. Dynastie, Sandstein, Ägyptisches Museum, Kairo

Bei Betrachtung der Statuenfunde von Amarna fällt als Erstes auf, dass das – nunmehr gemildert abnorme – Bild des Pharao keineswegs allein steht, sondern von einer Fülle von Bildern weiblicher Familienangehöriger begleitet wird. Dazu gehört einmal die Königinmutter Teje, Gemahlin Amenophis' III., die die Jahre in Amarna noch erlebt hat. Ihr holzgeschnitzter Kopf aus Gurob, heute in Berlin, ist eine unvergleichlich einfühlsame Darstellung einer gealterten Schönheit. Wie der ebenfalls die gealterte Königin darstellende Quarzitkopf im Metropolitan Museum ist der Berliner Kopf sicherlich während der Amarnazeit geschaffen worden, allerdings – wie nicht nur der Fundort, sondern auch der Stil des Werkes nahelegt – nicht in Amarna, sondern in einer nördlichen Werkstatt im Umkreis der alten Hauptstadt Memphis.

An der Spitze der Frauen um Echnaton steht jedoch die Hauptgemahlin Nofretete. Ihre zahllosen Bildnisse sind, nachdem die Frühstufe mit den revolutionären, geradezu hässlichen Darstellungen einmal überwunden war, voneinander so verschieden, dass man jedesmal eine neue Seite ihrer Persönlichkeit kennenzulernen meint. Da ist die jugendliche Schönheit des Kopfes aus gelblichem Quarzit aus der Thutmosis-Werkstatt (heute in Berlin), die herrscherlich konzentrierte Königin des rötlich braunen Quarzitkopfes aus Memphis (heute im Ägyptischen Museum in Kairo) und schließlich die ohne Schmeichelei dargestellte alternde Frau der heute in Berlin aufbewahrten Kalksteinstatuette, die wiederum aus der Thutmosis-Werkstatt stammt. Das zuletzt genannte Bildnis muss bereits in der Spätphase der Amarnazeit entstanden sein. Es zeigt die schöne Nofretete nunmehr in der Rolle der weisen Frau, die vordem die – inzwischen wohl verstorbene – Teje gespielt hatte. Auch spät, aber von ganz anderer Art ist dann der Berliner Kopf aus grauem Granodiorit, der in einem Nebenhaus der Thutmosis-Werkstatt gefunden wurde, zusammen mit weiteren bis heute in Amarna verbliebenen Fragmenten, aus denen sich eine Statuengruppe teilweise rekonstruieren und mit dem Kopf verbinden ließ. Nofretete war in dieser Gruppe neben Echnaton sitzend dargestellt. Im Gegensatz zu den meisten anderen Wiedergaben der Königin hat man in diesem Werk ein idealisiertes Bild vor sich, das eine Rückkehr zur traditionellen Form der Königsdarstellung ankündigt, wie sie für die Nach-Amarna-Zeit typisch wurde.

Die Funde im Depot der Thutmosis-Werkstatt erlauben es auch, die Entstehung der berühmtesten Nofretete-Büste zu verfolgen. Den Beginn macht ein Kopf aus Kalkstein (heute ebenfalls in Berlin), in dem noch Reste des revolutionären frühen Stils unmittelbar vor der Amarnazeit zu spüren sind. Schwarze Markierungen zeigen, wo der Meister Korrekturen wünschte, die dann nicht mehr ausgeführt wurden. Auch in der ikonisch gewordenen Büste (Abb. 36) steckt im Kern ein Kalksteinkopf, auf den dann mehrere Lagen von Gips aufgetragen wurden, bis die äußerste Schicht die so naturnah wirkende, fein abgestimmte Bemalung erhielt. Letzte Korrekturen an Schultern, Hals, Gesicht und Krone wurden noch in Gips vorgenommen. Der entscheidende Unterschied zwischen dem unfertigen Kalksteinkopf und der fertigen Büste besteht nicht nur in der hinzugefügten

Büstenpartie, sondern auch in dem erheblich verstärkten Vorlehnen des Halses. Nach vorne gestreckte Hälse sind nicht nur bei den meisten Darstellungen der Nofretete, sondern auch bei solchen des Königs, der Prinzessinnen und anderer Personen in der Kunst dieser Epoche zu sehen. Bei Nofretete – und zumal bei der Büste in Berlin – dient das Vorlehnen zunächst einmal dazu, das Gewicht der schweren Krone in einigermaßen überzeugender Weise auszubalancieren. Darüber hinaus verleiht der weit vorgestreckte Hals der dargestellten Person einen vorwärts drängenden Charakter, der zu der unruhigen Emotionalität der Amarnazeit bestens passt. Es gehört allerdings zu dem – wenn man so will – Geheimnis der Büste, dass dieser Drang nach vorne von der mit Bewusstsein vorgetragenen Ruhe des Gesichts und der Ausgeglichenheit seiner Züge aufgefangen und in eine Geste stolzer Selbstdarstellung verwandelt ist.

Der Berliner Ägyptologe Rolf Krauss hat gezeigt, dass besonders das Gesicht der Nofretete-Büste in einem der ägyptischen Kunst sonst fremden Ausmaß symmetrisch und maßgerecht angelegt ist. Diese weitgehende Maßgerechtigkeit ist nur eines von vielen Anzeichen dafür, dass es sich bei diesem Werk nicht um ein Stück handelt, das zur Aufstellung in einem Tempel, in einer Kapelle oder an einem anderen Ort geschaffen wurde, sondern um eine zum Abmessen und zur Nachahmung bereitgestellte Werkstattvorlage, nach der sich die Bildhauer richten sollten. Das Fehlen der linken Augeneinlage geht auf dieselben Gründe zurück: Die Büste sollte zeigen, wie die Augenhöhle mit und ohne Einlage gestaltet zu sein hatte. Die seltene Form der Büste ohne Schultern und Armansatz, die auch bei einem Bildnis des Echnaton aus demselben Werkstattdepot zu finden ist, sowie der breite Halsschmuck erinnern unzweifelhaft an die Büsten von Deir el-Medina (s. S. 16–17, Abb. 2). Vor allem im Wohnbereich sind in Amarna kleine Fayence-Amulette gefunden worden, die wie die Büsten von Deir el-Medina geformt sind. Sorglos hergestellt, sind sie als Ausdruck einer persönlichen Beziehung zwischen dem Träger des Amuletts und einem Toten sowie als Schutz vor überirdischen Mächten gedeutet worden. Möglicherweise waren die Büsten von Echnaton und Nofretete als

Vorbilder für eine Serie von Bildwerken gedacht, in denen das Königspaar in ähnlicher Weise als Vermittler zur Welt des Transzendenten fungieren sollte.

Ein Bild von Kija, der Nebengemahlin des Echnaton, ist nach Ansicht der Autorin in dem faszinierenden Fragment eines Kopfes aus gelbem Jaspis im Metropolitan Museum erhalten. Die Identifizierung mit Teje, die William C. Hayes vertreten hat, ist nicht haltbar, da das Werk zweifellos in der Amarnazeit geschaffen wurde, als die Mutter des Echnaton keine sinnlich blühende Schönheit mehr war. Kija bietet sich neben der durchaus auch möglichen Nofretete als Sujet an, weil der Kopf mit dem nur vorne voll skulptierten Hals am besten durch die sogenannte nubische Perücke zu ergänzen ist, bei der je ein breiter Haarzipfel die Ohren bedeckt, um dann neben dem Hals herabzufallen. Kiya wurde vorzugsweise mit dieser Art von Perücke dargestellt. Das Bildnis in extrem hartem Jaspis ist eine bildhauerische *tour de force*. Die Oberflächenpolitur – keine Glasur! – ist so fein, dass selbst im Elektronenmikroskop keine Politurstreifen sichtbar werden. Der leicht schräggestellte Mund mit den übervollen Lippen ist umgeben von einer weichen, nur um die Mundwinkel leicht gefurchten Muskulatur, und Kinn und Unterkiefer sind nicht ohne Energie: Diese Schöne hat bei aller Sinnlichkeit durchaus Charakter.

Neben den verschiedenen Varianten der Bilder von Teje, Nofretete und vielleicht von Kija stehen sodann die Darstellungen der Töchter Echnatons. Kahlgeschorene Köpfe von abnormen Ausmaßen, die eine auffallende Eiform haben (vielleicht eine Anspielung auf ein urzeitliches Ei, aus dem der Schöpfergott geboren wurde), sind mit äußerster formaler Sparsamkeit dargestellt. Der daraus resultierende außerweltliche Charakter wird bei dem am weitesten ausgearbeiteten Kopf in Berlin (Abb. 37) durch die leeren, für die Einlagen nur vorbereiteten Augenhöhlen und bei zwei Kairener Köpfen durch die schwarze Augenumrandung für den heutigen Betrachter noch verstärkt. Als Wesen aus einer anderen Welt sind die Töchter Echnatons aber auch in vielen gemalten und Reliefszenen gekennzeichnet, wenn sie – sich gegenseitig umarmend – in Gruppen hinter den Eltern stehen, die einen Staatsakt (zum Beispiel das Überreichen des Ehrengoldes) vollführen. Ein Reliefblock im Metropolitan Museum (Abb. 35) zeigt das besonders deutlich, denn der Oberkörper der älteren Tochter ist hier in Frontalansicht dargestellt. Frontalansichten – meist von Köpfen – kommen in der ägyptischen Kunst sonst vorwiegend bei Bildern von Toten, Schlafenden und Feinden vor, die der Pharao gerade niederschlägt. Jedesmal ist die Figur in Frontalansicht in einer anderen, nicht der realen Welt angesiedelt.

Das weibliche Element als notwendiges Komplement des männlichen Königs hat nicht nur während der Amarnazeit eine wichtige Rolle im ägyptischen Verständnis des Königtums gespielt. Die amerikanisch-schwedische Forscherin Lana Troy hat das auf zwei Hauptgründe zurückgeführt: Einerseits brauchte nach ägyptischer Vorstellung die Schöpfung – vertreten auf Erden durch das Königtum – neben dem männlichen unabdingbar auch das weibliche Element. Andererseits sicherte während der gesamten ägyptischen Geschichte die Abfolge von Mutter, Schwester/Frau und Tochter des Pharao die Kontinuität der Herrschaft, was besonders dann entscheidend wurde, wenn beim Tod eines Königs kein oder ein noch zu junger Nachfolger vorhanden war.

Schon im Alten Reich sah man die Frau und die Töchter des Königs an prominenten Stellen mit ihm zusammen abgebildet, und eine besondere Bedeutung hatte die Mutter des Pharao. Im Alten und Mittleren Reich wurden Figuren königlicher Frauen oft neben den Beinen des thronenden Pharao dargestellt, und weibliche Sphingen wurden allenthalben geschaffen, während um und in den Pyramiden der Könige kleinere Pyramiden und zum Teil prächtige Begräbnisstätten für Königsmütter, -frauen und -töchter entstanden. Im Neuen Reich setzte sich dies nicht nur fort, sondern erlebte zunächst unter Amenophis III. und dann – wie wir gesehen haben – während der Amarnazeit einen besonderen Höhepunkt. Unter dem Einfluss einer emotionalen, elitären Religiosität und in einer ausgesprochen höfischen Atmosphäre erfuhr damals das Bild der Frau schließlich auch eine unverkennbare Wendung ins Verfeinerte, ja Raffinierte, das

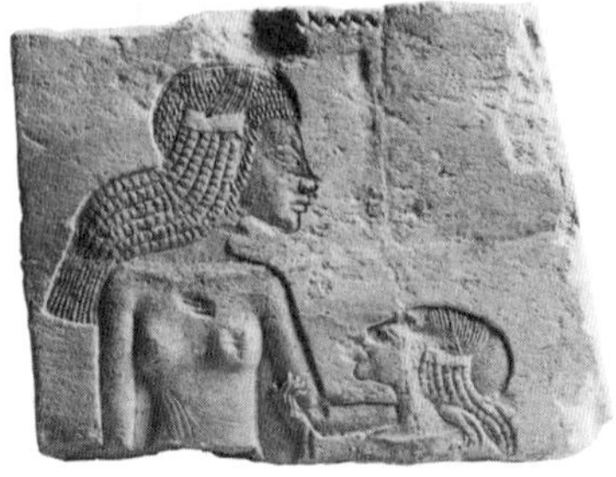

35 Relief mit zwei Töchtern des Echnaton, aus Hermopolis, ursprünglich aus Amarna, 18. Dynastie, Kalkstein, The Metropolitan Museum of Art, New York, Gift of Norbert Schimmel, 1985

wohl viel zu der besonderen Wirkung der Amarnakunst im früheren 20. Jahrhundert und bis heute beigetragen hat.

Eine Vorliebe für elegante Frauengestalten in fließenden Gewändern hat sich durch die ganze auf die Amarnaperiode folgende Ramessidenzeit und weit ins 1. Jahrtausend hinein in der ägyptischen Kunst erhalten. Der Gemahlin Ramses' II., Nefertari, wurde ein Grab mit Malereien gewidmet, die zum Schönsten und Vollendetsten gehören, was die Nekropolenkünstler von Theben-West im Neuen Reich geschaffen haben (Abb. 39); die schlanke Gestalt der Königin ragt in diesen Malereien wie auch in den Skulpturen des ihr gewidmeten zweiten Tempels von Abu Simbel besonders heraus. Statuen von Frauen der ramessidischen Elite und zahlreiche Darstellungen weiblicher Verstorbener auf Särgen und Totenpapyri gesellen sich hinzu. Schließlich sollte man nicht vergessen, dass die auf Amarna folgende Epoche auch die Zeit war, in der Ägyptens bezaubernde Liebeslyrik aufgeschrieben wurde.

Mit hohem Wuchs und schimmernder Brust,
hat sie echtes Lapislazuli zum Haar;
ihre Arme übertreffen das Gold,
ihre Finger sind wie Lotoskelche.

(aus dem ersten Gedicht der «Sprüche der Großen Herzensfreude», Übersetzung Erik Hornung)

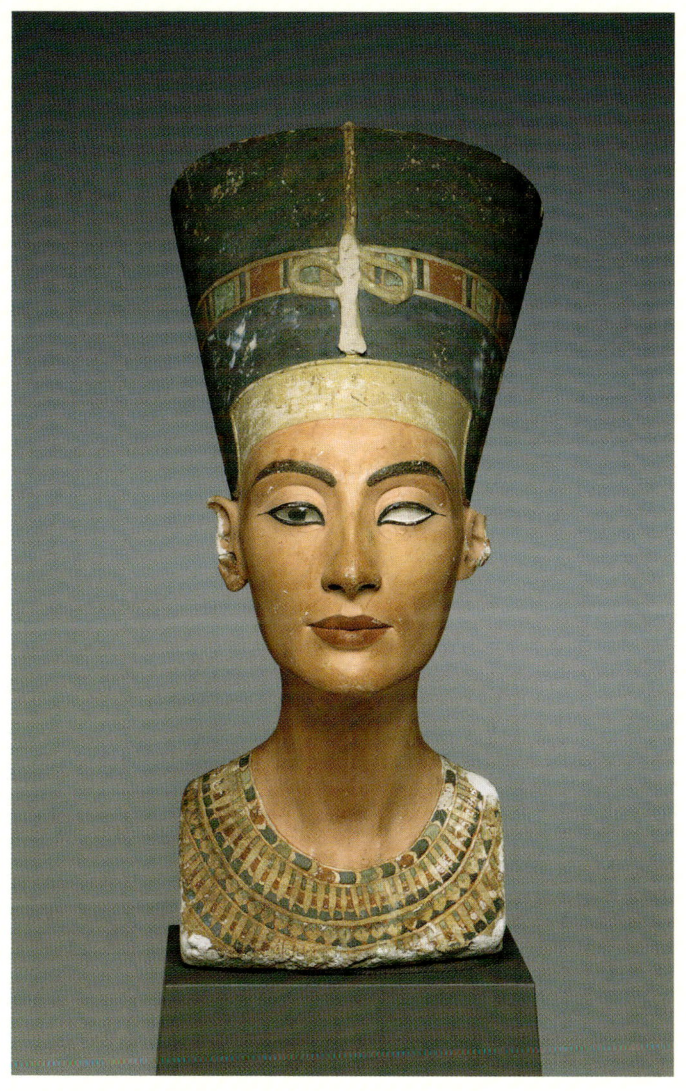

36 Büste der Nofretete, 18. Dynastie, Echnaton, bemalter Gips und Kalkstein, Ägyptisches Museum und Papyrussammlung, Staatliche Museen zu Berlin

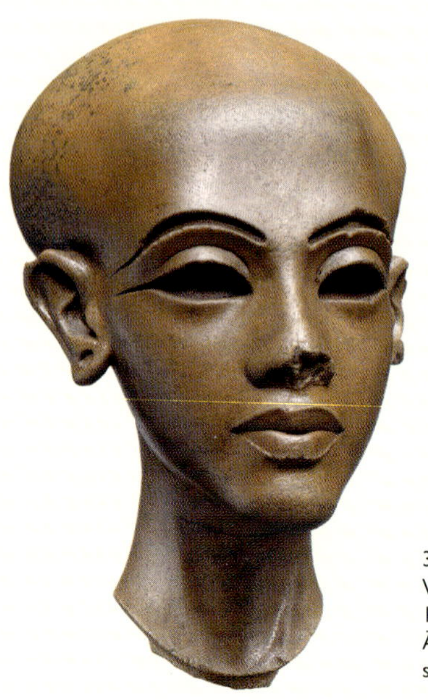

37 Kopf einer Prinzessin aus der Werkstatt des Thutmosis, Amarna, 18. Dynastie, Echnaton, Quarzit, Ägyptisches Museum und Papyrussammlung, Staatliche Museen zu Berlin

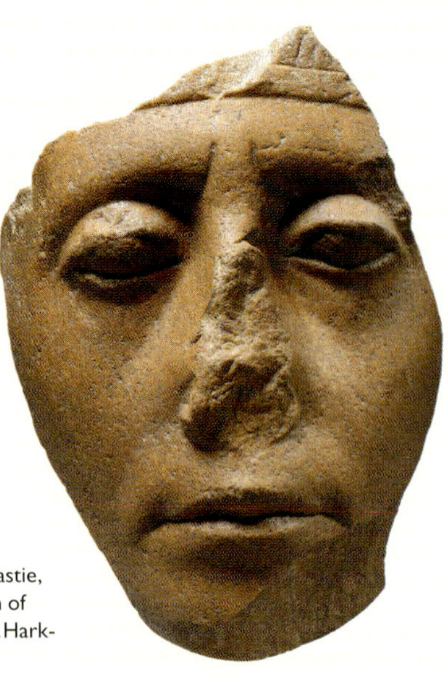

38 Gesicht Sesostris' III., 12. Dynastie, Quarzit, The Metropolitan Museum of Art, New York, Purchase, Edward S. Harkness Gift, 1926

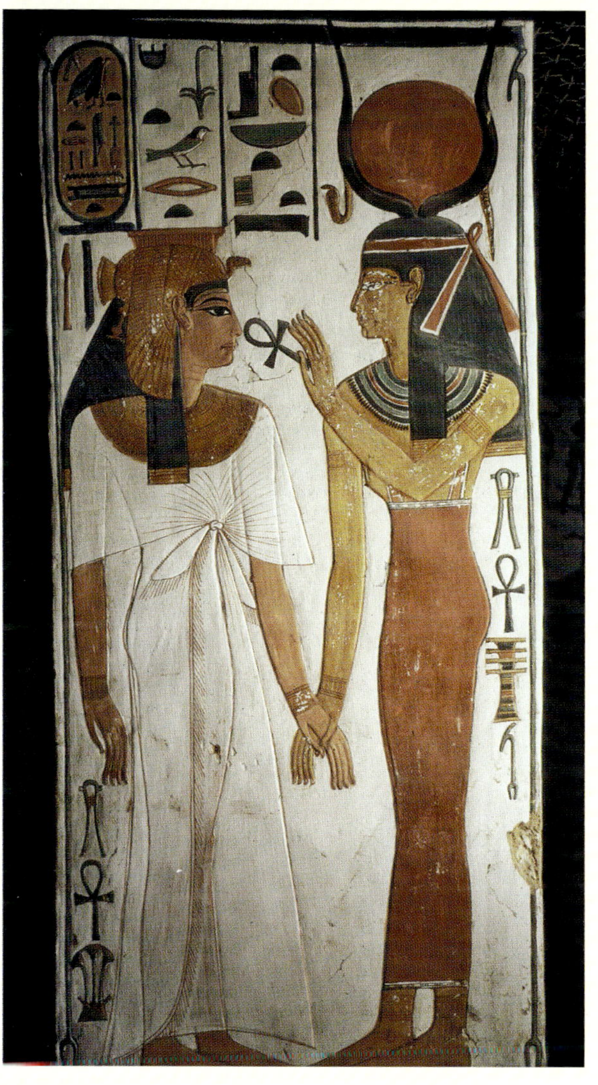

39 Königin Nefertari, Gemahlin Ramses' II., und die Göttin Isis, aus dem Grab der Nefertari, Tal der Königinnen (QV 66), Theben, 19. Dynastie, als Flachrelief modellierter, bemalter Putz

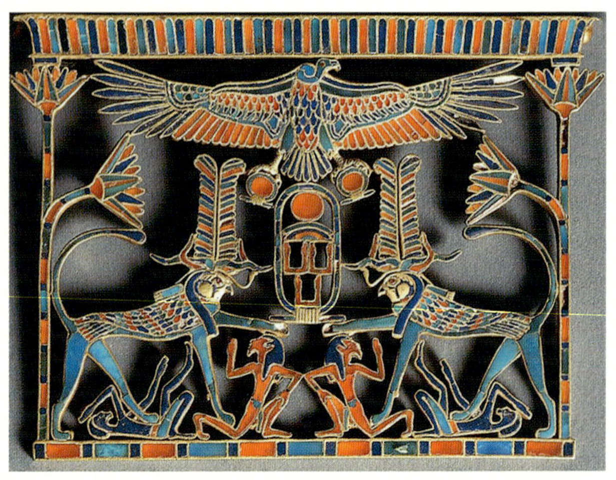

40 Pektoral aus dem Grab der Prinzessin Mereret in Dahschur, 12. Dynastie, Sesostris III., Gold mit Halbedelsteineinlagen, Ägyptisches Museum, Kairo

3. «Was einer vorstellt»: Nicht-königliche Statuen

Die weitaus meisten erhaltenen altägyptischen Statuen stellen Angehörige der Elite dar: Mitglieder der königlichen Familie, Hofleute, Beamte und lokale Machthaber mit ihren Frauen und Kindern. In kleinerem Format gibt es auch rundplastische Darstellungen von Soldaten, Bauern, Handwerkern und Dienern (Abb. 43). Doch sind dies meistens Figuren, die zu einer Grabausstattung gehören, also gleichsam zur Umwelt eines verstorbenen Angehörigen der Elite. Zum Teil mögen solche scheinbaren Dienerfiguren auch Freunde und Verwandte des Verstorbenen darstellen, die aus Pietät manuelle Arbeiten verrichten.

Eine Übersicht über die reiche nicht-königliche Statuenwelt ist anhand der verschiedenen Statuentypen zu gewinnen, die den Auftraggebern über die Zeiten hinweg zur Verfügung standen. Beginnen wir mit dem *Standbild*, das im Fall der männlichen Statue seit der Frühzeit fast immer ein «Schreit-Standbild» (Dietrich Wildung) gewesen ist. Der athletische Körper mit seinen breiten Schultern und schmalen Hüften stellt sich mit beiderseits herabhängenden Armen und geballten Fäusten frontal dem Betrachter (Abb. 41). Das Gewicht ruht auf dem rechten, hinteren Bein, das linke ist raumgreifend nach vorne gestellt. Alle Muskeln sind angespannt. Der Blick der Augen geht geradeaus, obgleich der Kopf nicht immer ganz frontal gehalten ist, sondern sich manchmal fast unmerklich nach links oder rechts dreht. Das kurzgeschorene Haar ist oft von einer repräsentativen, ordentlich frisierten Perücke bedeckt, und um den Hals liegt ein breiter Schmuckkragen, der aus kleinen Halbedelsteinen oder Fayenceperlen zusammengesetzt zu denken ist. Hüften und Oberschenkel sind im Alten Reich von einem gewickelten Leinenschurz bedeckt, dessen Endzipfel vorne unter den Gürtel gesteckt wurde. Vom Mittleren Reich an tragen die Männer der Elite oft auch den Königsschurz, der durch einen separaten keilförmigen Frontteil gekennzeichnet ist. Die Darstellung nackter männlicher Erwachsener war jedoch keineswegs unbekannt und zu Zeiten, etwa am Ende des Alten Reiches, sogar recht häufig (Abb. 42). Meistens wurde in solchen Bildwerken die Jugend des

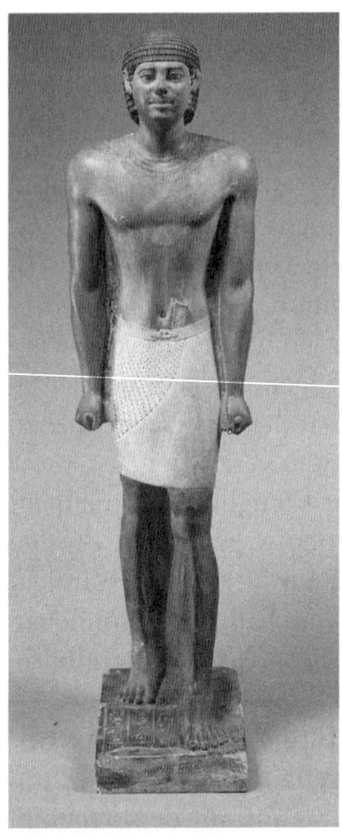

41 Statue des Atiema, 5. Dynastie, bemalter Kalkstein, Ägyptisches Museum, Kairo

Dargestellten und damit seine regenerativen Fähigkeiten betont. Kinder (Jungen wie Mädchen) wurden ganz überwiegend nackt wiedergegeben. In den Fäusten der Männer sind abgekürzt dargestellte zusammengewickelte Leinentücher im Taschentuchformat zu sehen. Ausgerollt konnten sie als Schweißtücher oder zum Wegwedeln von Fliegen gebraucht werden. Stand-Schreitbilder nicht-königlicher Personen dienten vorwiegend als Grabstatuen, waren aber seit dem Mittleren Reich auch in Tempeln aufgestellt.

Aus der ägyptischen Kunst nicht wegzudenken sind seit der 4. und besonders der 5. Dynastie Rückenpfeiler und Rückenplatte von Skulpturen. Sie charakterisieren noch in der Römerzeit eine Statue als «ägyptisch». Hinzu kommen die flachen Steinfüllungen zwischen den Körperteilen, vor allem den Beinen, der sogenannte negative Raum. Oft schwarz bemalt und damit als nicht-vorhanden gekennzeichnet, dienen diese Steinbrücken zur Festigung der Figur. Sie werden ergänzt durch «lokale Stützen» unter den Bärten und anderen vorspringenden Einzelteilen. Rückenpfeiler und Rückenplatte sind dagegen nicht nur als statische Stützelemente zu verstehen, und sie sind auch keineswegs die Überreste einer frühen Statuenproduktion, in der die Bildhauer nicht gewagt hätten, ihre Figuren ganz aus dem Stein zu lösen. Vielmehr ist keine Statue der Frühzeit mit solchen Elementen ausgestattet, und der Rückenpfeiler wurde erst im Laufe des Alten Reiches aus den hohen Lehnen hinter manchen Sitzfiguren entwickelt (Abb. 19). Rückenpfeiler und -platten sind Ausdruck des Verständnisses ägyptischer Bildhauer vom Wesen der Statue. Zusammen mit der Basis als horizontalem Element konstituieren sie den Raum, in dem die Figur lebt. Sie erinnern an den dreidimensionalen Block, aus dem die Figur gehauen wurde, und stellen die Verbindung zwischen der Figur und der sie umgebenden Architektur her. Bei den Triaden des Mykerinos (Abb. 25) zum Beispiel wiederholen die Rückenplatten die Rückwände der Nischen, in denen diese Statuengruppen ursprünglich aufgestellt gewesen sein müssen.

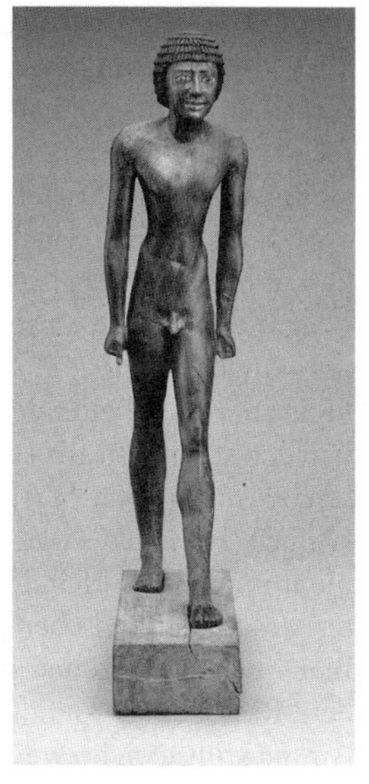

42 Statue des Priesters Meryrehaischetef aus der Bestattungskammer seines Grabes in Sedment, 6. Dynastie, teilweise bemaltes Ebenholz, The British Museum, London

Stand-Schreitbilder aus Holz oder Metall brauchten keine Rückenpfeiler oder Rückenplatten zu statischen Zwecken, waren aber auch nicht in demselben Maß wie Steinskulpturen mit der Architektur verbunden. Sie fungierten vorwiegend als Ritualfiguren, und ihr Platz war in geschlossenen Schreinen, neben der Mumie im Sarg oder neben dem Sarg in der Grabkammer. Folgerichtig wurde bei solchen Statuen auf den Rückenpfeiler und die Rückenplatte meist verzichtet (Abb. 42). Es ist aber zu bemerken, dass – besonders im Neuen Reich – auch manche Holzfigur einen Rückenpfeiler erhielt, wenn sie als ritusvollziehende Statue innerhalb einer Grabkammer oder einer Kapelle aufgestellt wurde.

Die größere statische Festigkeit der Holz- und Metallfiguren führte auch dazu, dass vor allem die Arme freier bewegt und vom Körper gelöst dargestellt werden konnten. Oft hält der Mann in der linken Hand einen langen Stab, auf den er sich aber nicht eigentlich stützt. Dabei ist zu beachten, dass bei diesen Werken sowohl das linke Bein wie auch der linke, den Stab führende Arm nach vorne ausgreifen: Ein Kontrapost ist nicht beabsichtigt. Vielmehr ist die ganze Figur auf eine Ansicht von rechts angelegt. Man hat das oft so verstanden, dass der von rechts zu betrachtende Mann – da die ägyptische Schrift von rechts nach links verlief – zum Anfang der Schriftzeile blickt.

Sowohl in Holz wie in Stein gibt es eine Gattung von Bildwerken, die in der Regel weder Rückenpfeiler noch Füllungen von «negativem Raum» aufweisen. Es handelt sich dabei um die bereits angesprochenen, oft als «Dienerstatuetten» bezeichneten Figuren von arbeitenden Menschen (Abb. 43). Im Alten Reich wurden solche Bildwerke aus Kalkstein hergestellt und meist im *serdab* neben den Statuen des Grabbesitzers aufbewahrt. Mit Längen zwischen etwa zehn und dreißig Zentimetern sind es nicht immer nur kleine Figürchen. Dargestellt wurden Tätigkeiten des täglichen Lebens: Frauen mahlen Korn, Männer brauen Bier oder überwachen das Backen von Brot, ein Töpfer fertigt den Rand eines Gefäßes auf seiner Töpferscheibe, und eine Amme stillt gleich zwei Kinder auf einmal. Alle diese Handlungen vollziehen sich auf einer Basis, aber zwischen Beinen, Armen und Rumpf sind sämtliche Hohlräume mit großer Kunstfertigkeit herausgemeißelt, oft wohl unter Zuhilfenahme eines Bohrers. Steinfüllungen von «negativem Raum» kommen so gut wie nie vor.

Rückenpfeiler und andere Stützen fehlen auch so gut wie ganz bei den zu Hunderten, wenn nicht Tausenden für die Gräber geschaffenen Holzfiguren des späten Alten und frühen Mittleren Reiches, die wie die Flachbilder an den Grabwänden die Lebenswelt des alten Ägypten im Sinne des Goetheschen «Gedenke zu leben!» wiederauferstehen lassen. Alle möglichen Tätigkeiten sind dargestellt, vom Hacken der Erde bis zum Einbringen des Korns in die Speicher, vom Weben von Stoffen und anderen handwerklichen Tätigkeiten über die Aufzucht der Rinder und deren Schlachtung, das Fischen und Kochen auf Nilbooten bis hin zur Pilgerfahrt des Grabherrn nach Abydos. Keine der meist nur wenige Zentimeter hohen Holzfiguren bedarf einer innerfigürlichen Stütze, und die Szenen spielen sich zunächst auf einfachen Basisbrettern ab. Am Anfang der

12. Dynastie wurden diese Basisbretter dann mit niedrigen Zäunen umgeben, und schließlich entstanden – vielleicht nur in einer oder in wenigen Werkstätten – komplexe Architekturmodelle, in denen sich die Tätigkeiten abspielten.

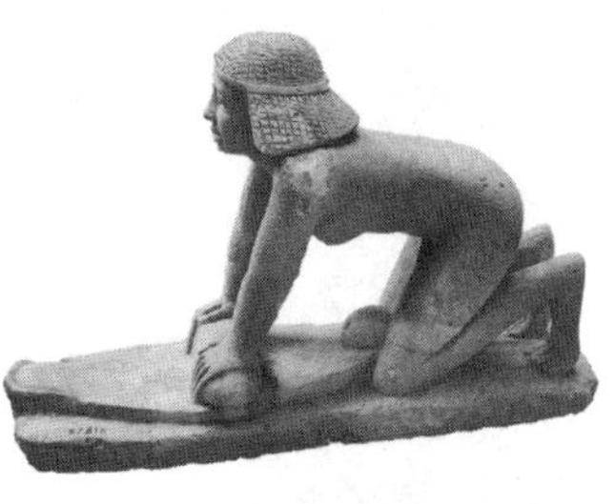

43 Figur einer kornmalenden Dienerin, 5. Dynastie, Kalkstein, Ägyptisches Museum, Kairo

Die bildhauerische Qualität der steinernen «Dienerfiguren» des Alten Reiches (Abb. 43) ist meist recht gut bis ausgezeichnet: Sie wurden zweifellos von Bildhauern geschaffen, die auch «echte» Statuen herstellten. Umso interessanter ist es festzustellen, dass diese Bildhauer hier keine Rückenpfeiler oder andere Stützmechanismen für nötig und angemessen hielten. Man machte offensichtlich einen Unterschied zwischen diesen Darstellungen des täglichen Lebens und den in eine andere – kultisch-rituelle – Welt gehörenden Grab- und Tempelstatuen. Die Holzfiguren des späten Alten und frühen Mittleren Reiches sind, auch wenn sie aus Gräbern der Elite stammen, oft von einer Qualität, die auf ungeschulte Hersteller schließen lässt. Zeigt sich schon darin, dass man sie einer den «echten» Statuen untergeordneten Welt zurechnete, so liefern sie überdies zusätzliche Informationen zur Sonderstellung, die «echte» Statuen im Verständnis der Ägypter innehatten. Unter den Holz«modellen» von hoher Qualität aus dem thebanischen Grab des Mektire gibt es ein Schiff, in dem der Grabherr unter einem Baldachin sitzend nach Abydos fährt. Offenbar wurde diese Pilgerfahrt nicht als normale, sondern als eine bereits der Grabeswelt angehörende Aktivität aufgefasst. So hat man die Figur des Mektire im Boot als steif und aufrecht sitzende Statue dargestellt.

Im Grab des Mektire wurden auch zwei halblebensgroße Holzfiguren von weiblichen Opferträgerinnen gefunden, von denen sich die eine heute in Kairo, die andere im New Yorker

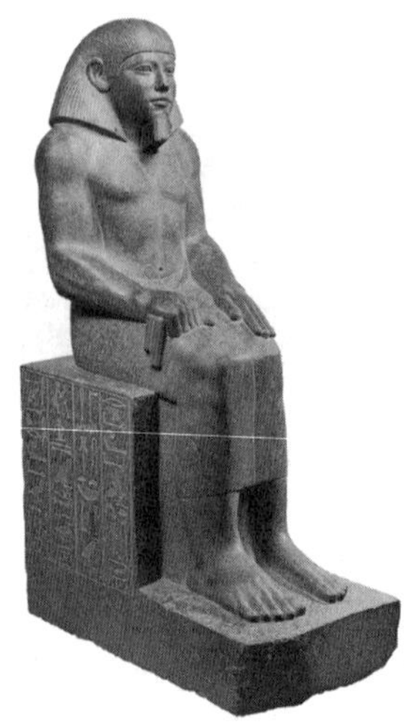

44 Statue des Chema aus Elephantine, 12. Dynastie, Granodiorit, Amenemhet II. – Sesostris II., Nubien-Museum, Assuan

Metropolitan Museum befindet. Diese Statuen sind nicht nur größer als die kleinen «Dienerfiguren», sie sind auch von den Holzschnitzern in äußerst feiner Arbeit hergestellt worden; ihre Kleidung und der Schmuck, den sie tragen, verleihen ihnen einen Status, der weit über den von Dienerinnen hinausgeht. In der Tat sind die beiden Figuren quasi-göttliche Personifikationen von landwirtschaftlichen Domänen, die für Mektires Totenopfer «in Ewigkeit» sorgen sollten. Als Opferträgerinnen, die sie trotz ihres Status nun einmal sind, tragen sie Körbe mit Getränken und Fleisch auf ihren Köpfen, und jede hält eine Ente an deren Flügeln in der rechten Hand. Das Schreitmotiv ist – wie bei allen Frauenstatuen, bei denen es anzutreffen ist – verhaltener als bei den Männern. Hier ist es besonders sinnig, denn Opferträger pflegten in langen Reihen daher zu marschieren.

Das Kleid der Frauen ist bei ägyptischen Statuen überwiegend ein enganliegendes Trägerkleid, das kurz über den Füßen endet. Mit seiner Passform lässt es alle Einzelheiten des weiblichen Körpers voll zur Geltung kommen (Abb. 25). Das ist auch der Fall, wenn in der Amarna- und der Nach-Amarna-Zeit über dem Unterkleid ein durchsichtiger Schal getragen wird (Abb. 39). Nicht Stärke wird in diesen Frauenbildern betont, sondern die sexuelle Anziehungskraft des schlanken, zum Kindergebären bereiten Körpers. Die Arme der Frauen hängen seit der 4. Dynastie fast immer an den Seiten herunter, und die Hände sind bei sterblichen Frauen gestreckt.

Sitzstatuen nicht-königlicher Personen spiegeln durch die Zeiten das Bild des thronenden Königs wider (Abb. 16, 44). Insofern sie von diesem eingesetzte Beamte darstellen, repräsentieren sie auf diese Weise die höchste Instanz im ganzen Land. Die Männer sitzen aufrecht auf einem kubischen Sitz oder Stuhl. Der Körper ist in voller Frontalität wiedergegeben, der Blick geradeaus gerichtet. Die Unterarme liegen auf den Oberschenkeln. Die eine Hand ist meist flach mit dem Handinnern nach unten auf den Schenkel gelegt, die andere zur Faust geballt. Bei der Sitzstatue des Rahotep aus Medum vom Anfang der 4. Dynastie liegt die rechte, zur Faust geballte Hand nach der Weise der Frühzeit und der 3. Dynastie bei gekrümmtem Arm direkt unter der linken Brust (Abb. 19).

Sitzbilder von Frauen – die wie stehende Figuren gekleidet sind – gleichen denen von Männern ziemlich genau, nur sind bei ihnen beide Hände flach ausgestreckt – eine Frau ballt nicht die Faust! Die Armhaltung der Nofret aus Medum (Abb. 19) erinnert wie die ihres Partners Rahotep an Statuen der 3. Dynastie: Beide Arme liegen angewinkelt eng am Körper unterhalb der Brüste. Der Mantel, der von Nofret über dem Trägerkleid getragen wird und den Körper eng umhüllt, findet sich im Alten Reich noch bei einigen anderen bildlichen Wiedergaben von Frauen des königlichen Hauses. Die beiden Statuen aus Medum, die in der Kultkammer einer Mastaba eingemauert waren, bringen in eindrucksvoller Weise die Farbigkeit ägyptischer Statuen aus Kalkstein zur Geltung. Der Mann hat eine rotbraune Hautfarbe, die Frau eine gelblich-helle, Haare, Schnurrbart und Perücken sind tiefschwarz, ebenso die Brauen; und auch die eingelegten Augen aus Alabaster und Bergkristall sind – wie mit Schminke – schwarz umrandet. Rahotep trägt ein Amulett an einer Leinenschnur um den Hals, Nofret einen breiten Kragen und ein Haarband, das mit Pflanzenmotiven dekoriert ist. Die durch die eingelegten Augen noch verstärkte Gesamtwirkung ist von immer neu erschreckender Lebensnähe. Es kann kein Zweifel daran bestehen, dass es gerade diese Wirkung war, die alle ägyptischen Hersteller von Statuen mit ihren «lebenden» Bildern erreichen wollten.

Schon in der 4. Dynastie wurde neben den stehenden und sitzenden Figuren die dritte wichtige Gattung, die *Schreiberstatue*,

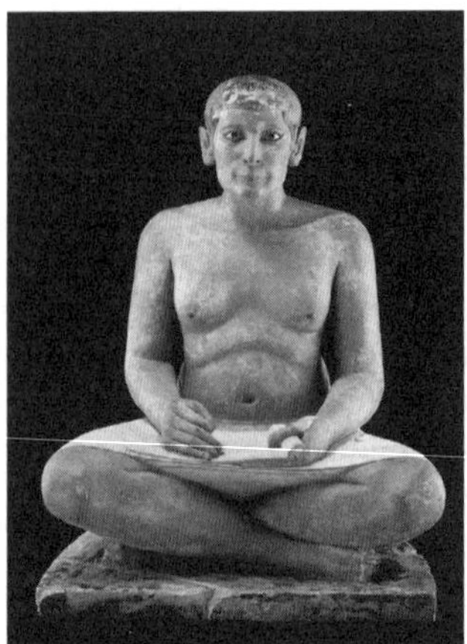

45 Statue eines hohen Beamten als Schreiber, aus Saqqara, 4. Dynastie, bemalter Kalkstein, Musée du Louvre, Paris

eingeführt (Abb. 45). Die so Dargestellten waren zunächst ausschließlich Angehörige des Königshauses. Später und ab dann durch fast die gesamte Geschichte der ägyptischen Kunst hindurch wurden hochstehende Beamte jeglicher Herkunft in solchen Statuen verewigt. Es handelt sich bei ihnen um eine stolze Präsentation der Zugehörigkeit zur – nicht sehr großen – Gruppe der Ägypter, die lesen und schreiben konnten. Unter den besten Umständen, so hat man errechnet, konnten nicht mehr als 5 bis 7,5 Prozent der Bevölkerung des alten Ägypten lesen und schreiben; und viele Forscher sprechen sogar von nur 1 Prozent Lesekundigen. In den Statuen sitzt der Schreiber – wie in vielen nicht-westlichen Kulturen – mit untergeschlagenen Beinen auf dem Boden oder einer flachen Matte, hält eine Papyrusrolle auf dem Schoß und oft eine Schreibbinse in der rechten Hand. Manchmal liest er auch nur, und dann fehlt die Binse (Abb. 3). Schon im Alten Reich wird neben einer vollkommen aufrechten Haltung von Oberkörper und Kopf auch eine leichte Neigung der Schultern und des Kopfes nach vorne dargestellt.

Den Haupttypen von stehend schreitenden, sitzenden und schreibenden rundplastischen Figuren hat dann das Mittlere Reich den so typisch ägyptischen sogenannten *Würfelhocker* hinzugefügt (Abb. 46). Die Idee dabei ist, dass ein Mann – denn wie bei den Schreiberstatuen sind hier ausschließlich Männer dargestellt – am Boden sitzt und die Beine so weit angezogen hat, dass die Knie fast das Kinn berühren. Die Arme liegen gekreuzt auf den Knien. Die Bildhauer erkannten schnell, dass bei dieser Haltung der Körper wie in einen Kubus eingeschrieben erscheinen kann, aus dem nur der Kopf oben herausragt. Und es ist verständlich, dass diese einfache geometrische Form den Erfindern der Pyramide gefallen musste. Aber der Statuentyp des Würfelhockers richtete auch in neuer Weise das Augenmerk auf den menschlichen Kopf als bedeutsames Gefäß der Person. Schon in der 4. Dynastie hatte es, wie bereits erwähnt (s. S. 46 bis 47), eine Zeit gegeben, in der Auftraggeber und Bildhauer von Grabausstattungen sich auf Darstellungen von Köpfen beschränkten. Diese «Ersatzköpfe» (Abb. 18) wurden entweder direkt neben dem Sarkophag oder im Grabschacht deponiert, vielleicht im Glauben – darauf deuten spätere Darstellungen hin –, dass der aus dem Grab herausragende Kopf bei einer Wiederauferstehung des Toten eine Rolle spielen könnte.

Was die Würfelhocker betrifft, so ist auch zu beobachten, dass ihre Köpfe oft leicht nach oben gerichtet sind. Der Ägyptologe Bernard Bothmer hat das mit einem Spruch zusammengebracht, in dem es heißt: «Blick auf, dass du siehst» (nämlich den Sonnengott). Andererseits hat Regina Schulz gezeigt, dass das Hocken mit angezogenen Beinen von den Ägyptern als die geeignete Sitzhaltung von Festteilnehmern aufgefasst wurde. Dementsprechend sind in vielen dreidimensionalen Darstellungen (Holzmodellen) von Booten, die den Sarg eines Toten befördern, die den Toten begleitenden Begräbnisteilnehmer in der Haltung von Würfelhockern wiedergegeben. Und in Stein eignete sich der Statuentyp besonders fur ritualteilnehmende Tempelstatuen von nicht-königlichen Personen. Auftraggeber und Bildhauer bemerkten bald, dass das würfelförmige Unter-

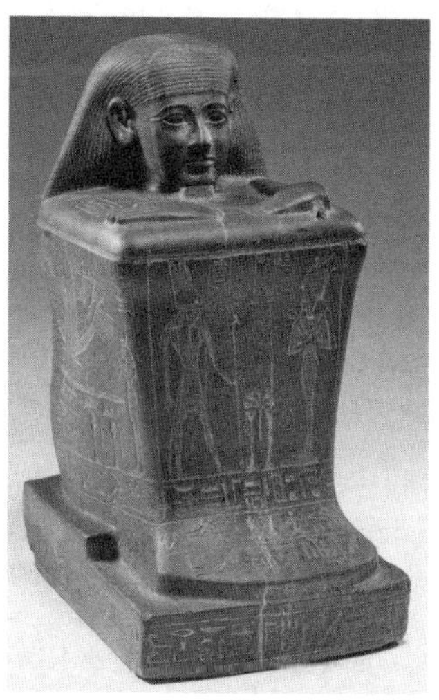

46 Würfelhocker des Schreibers Hor, 22. Dynastie, Grauwacke, Ägyptisches Museum und Papyrussammlung, Staatliche Museen zu Berlin

teil bestens zur Anbringung von biographischen Texten genutzt werden konnte. Besonders im 1. Jahrtausend kamen dann zur Beschriftung des Unterteils noch Figurendarstellungen hinzu: Der Körper der Statue wurde zum Bildträger. Es ist eine Entwicklung, die man ebenso bei anderen Statuentypen des 1. Jahrtausends beobachten kann.

In wiederum anderer Form haben Bildhauer den Statuentyp des Würfelhockers für Darstellungen des Senenmut abgewandelt. Senenmut war «Haushofmeister des Amun» unter Hatschepsut, vielleicht auch Baumeister ihres Tempels in Deir el-Bahri (Abb. 5) und Erzieher ihrer Tochter Nefrure. In seinen Würfelhockerstatuen ragt nur der Kopf des Kindes aus dem blockhaften Körper des Mannes heraus: eine sofort verständliche Darstellung der Funktion des Erziehers. Dieses Statuenmotiv macht auch auf einen wichtigen Aspekt der ägyptischen Bildwelt aufmerksam: das Motiv des Verhüllens und Umhüllens. Wir haben diesen Aspekt bereits bei der Beschreibung der Kult- und Ritualbilder angesprochen (s. S. 47). Dort ging es um ein echtes Verhüllen von Figuren durch Leinenstoffe. In der Statuenwelt erscheinen besonders im Mittleren Reich sitzende oder hockende Männer und – seltener – Frauen, die in Mäntel gehüllt sind. Sie erwecken beim heutigen Betrachter geradezu den Eindruck, als sei es zu Beginn des 2. Jahrtausends in Ägypten plötzlich kälter geworden. In Wirklichkeit gab es ähnlich verhüllte Figuren schon in der Frühzeit, und bei all diesen Darstellungen steht das Bestreben im Vordergrund, den Menschen als im Angesicht der Gottheit demütig verhüllt, nicht stolz sich darbietend wiederzugeben.

In priesterlich-ritueller Funktion waren nicht-königliche Personen durch stehende und kniende Statuen vertreten, die das Emblem eines Gottes oder einen Schrein mit dem Bild einer Gottheit vor sich halten. Formal ist bei diesen Werken interessant, dass der Schrein oder der heilige Gegenstand mit dem Körper der Person jeweils so verschmolzen ist, dass Teile entweder des Schreins oder des menschlichen Körpers nicht ausgebildet sind. Die realistische Wiedergabe ist in diesen Bildtypen der Geschlossenheit des Statuenkörpers durchaus untergeordnet.

Letztlich liegt in den nicht-königlichen Knie- und Standfiguren mit Schreinen, Götterbildern oder Standarten eine Übernahme königlicher Bildtypen vor, die das Priesteramt des Pharaos zur Darstellung brachten. Den Höhepunkt derartiger Übernahmen bildet eine von Meisterhänden geschaffene Statuengruppe der Spätzeit, in der ein Mann namens Psammetich verschiedene, früher allein dem König vorbehaltene Bildfunktionen für sich usurpiert hat (heute im Ägyptischen Museum in Kairo). Psammetich bestellte für sein Grab in Saqqara eine Reihe von Götterstatuen in beträchtlicher Größe (Osiris, Isis, Hathor), ganz so wie die Pharaonen Amenemhet III. und Amenophis III. im «Labyrinth» und im Memnonstempel von Kom el-Hetan Götterbilder hatten aufstellen lassen (s. S. 72, 77). Zur Krönung stellten die Bildhauer Psammetich unter dem Kopf einer Hathorkuh dar, ein Motiv, das noch im Neuen Reich lediglich dem Pharao vorbehalten war, aber zur Zeit der 26. Dynastie nun auch in nicht-königlichen Bildwerken und Gräbern vorkam.

Überblickt man den unendlichen Katalog von nicht-königlichen Statuentypen des alten Ägypten, von denen hier nur die wichtigsten genannt werden konnten, so fällt auf, dass die verschiedenen Typen zusammengenommen eine recht umfassende Beschreibung des altägyptischen Lebens liefern. Der Mann als Familienvorstand mit Frau und Kind, als Vertreter des Pharao, Schreibkundiger oder Erzieher, als Priester oder Festteilnehmer und schließlich als Verstorbener, der auf ein Weiterleben hofft; die Frau als Gefährtin des Mannes, als statusbewusste Vertreterin der Elite und nicht zuletzt als anziehende Schönheit: Alle diese Aspekte zusammen machten das Leben der Menschen aus, und für die wichtigen unter ihnen fanden die bildenden Künstler und Entwerfer fest umrissene, eindeutig verständliche Formulierungen.

Individuelle Bildnisse, die das Aussehen von bestimmten Personen veristisch wiedergeben, sind auch im nicht-königlichen Bereich selten. Auf höchster Qualitätsstufe wurden allerdings hin und wieder individuelle Züge in Darstellungen bestimmter Menschen und vor allem bestimmter Persönlichkeitstypen und

Lebenssituationen verarbeitet. So bietet die Statue des Hemiunu, des mutmaßlichen Architekten der Cheopspyramide, aus Giza (jetzt im Roemer- und Pelizaeus-Museum Hildesheim) das Bild eines schweren, fettleibigen Mannes mittleren Alters. Der unvergleichliche «Dorfschulze» aus Holz (Ägyptisches Museum, Kairo) ist, wenn auch übergewichtig, deutlich agiler als dieser Architekt. Auf seinem kurzen Hals sitzt – leicht angehoben und aus der Körperachse gedreht – der Kopf eines entschlossenen Mannes mit nachdenklichem Blick. Geheimratsecken und Doppelkinn fehlen nicht. Aber gab es einen solchen Mann in Wirklichkeit? Wir wissen es nicht, doch wenn ja, hat der Holzschnitzer weniger ihn selbst dargestellt als einen bestimmten Menschentyp, den die Grabungsarbeiter bei der Auffindung sofort mit ihrem eigenen Bürgermeister identifizierten.

V. Relief und Malerei

1. Figur und Raum

Die Besonderheiten der Figuren in ägyptischen Flachbildern (Reliefs und Malerei) sind allgemein bekannt, ja sie fungieren in unserer Welt als eine Art Markenzeichen der ägyptischen Kultur. Die Schultern sind frontal wiedergegeben, Körper, Kopf und Glieder im Profil und die Hände in Aufsicht. Dieses Urbild hat sich bereits in der Vorgeschichte herausgebildet und dann ab der Frühzeit die Bildwelt Ägyptens bestimmt. Wie oft geschildert, dient das Bildschema vor allem dazu, jeden Körperteil in seiner charakteristischsten, am leichtesten erkennbaren Form darzustellen. Es ist ein additives, zusammengesetztes Bild, das verschiedene Forscher auch parataktisch (ein linguistischer Begriff, der das gleichwertige Nebeneinander von Sätzen und Satzteilen beschreibt) und aspektivisch (im Gegensatz zu perspektivisch) genannt haben (Abb. 39).

Wichtig ist es, den Charakter des Zwischenraums zwischen den Figuren in ägyptischen Reliefs und Malereien richtig zu verstehen. Es hat sich als irreführend herausgestellt, diesen Zwischenraum als potenziellen Hintergrund der Figuren aufzufassen. Dahingehende Interpretationen enden regelmäßig in Versuchen, in ägyptischen Flachbildern Spuren einer Raumdarstellung zu entdecken: ein Unterfangen, das am Charakter der Bilder vorbeigeht. Der Um- und Zwischenraum in ägyptischen Reliefs und Malereien ist nämlich einfach derjenige Bereich der Oberfläche, wo keine Figur ist. Das geht bereits aus dem oben (s. S. 57–58) geschilderten Herstellungsprozess hervor. Wie beschrieben, entstanden die Figuren in Reliefbildern dadurch, dass die Steinoberfläche in ihrem Umkreis tiefergelegt wurde, bzw. beim versenkten Relief dadurch, dass sie, von einer Umrisskante umgeben, eingesenkt wurden. In der Malerei entspricht diesem Vorgang die Konturierung der Figur mit einer schwarzen oder roten Linie. Die Existenz einer Figur ist demnach durch ihre Abgrenzung gegenüber einer undifferenzierten Fläche begründet; diese Fläche selbst aber bleibt ohne Aussage.

Darstellungen der Umgebung von Figuren – des Raumes, wenn man so will – werden in der ägyptischen Kunst einmal durch die Gestaltung der Grundlinie geleistet, auf der die Figuren stehen. Im Normalfall horizontal flach und damit undifferenziert, kann diese Grundlinie auch gewellt sein: Dann stellt sie den hügeligen Boden der Wüste oder des Ackerlandes dar (Abb. 48). Sie kann mit Zick-Zack-Linien als Wasser gekennzeichnet werden (Abb. 9) oder getreppt eine aufsteigende Treppe beschreiben. Auf der Grundlinie können dann ferner Bildelemente wie Bäume oder Architekturteile, ja ganze Gebäude erscheinen, welche die Umgebung der Figuren charakterisieren. Es können sogar Figurenregister (untereinander angeordnete Zonen mit jeweils mehreren Figuren) durch schräg verlaufende Bänder in der Art von Wegen miteinander verbunden werden. In solchen Fällen wird in der Tat etwas über den Ort ausgesagt, in oder an dem sich bestimmte Figuren bewegen, aber diese Ortsbestimmungen fungieren ihrerseits wie Figuren. Sie bieten ihre Teile «parataktisch» und additiv dar, mit Zwischenräumen, die ihrerseits «nichts» sind. Das sieht man besonders deutlich dort, wo innerhalb dargestellter Gebäude wiederum Grundlinien eingetragen sind, auf denen sich die Figuren befinden. Es handelt sich also nicht um rudimentäre Raumdarstellungen, sondern um ortsbezeichnende Versatzstücke, in der Art der beschrifteten Tafeln, die im elisabethanischen Theater einen Handlungsort ankündigten.

In manchen Darstellungen vor allem der Amarnazeit sind Figuren – zum Beispiel ein durch eine Tür gehender Mann – von Teilen eines Gebäudes überschnitten. Formal besteht hier kein Unterschied zu Darstellungen von Gruppen, in denen zwei (oder mehrere) Menschen oder Tiere einander überschneiden. In diesen Fällen geht es in der Tat um ein räumliches Hintereinander, gesehen von einem vor dem Bild positionierten Betrachter. Man sollte aber beachten, dass der dabei implizierte Raum lediglich innerhalb der betreffenden Figurengruppe existiert, nicht in ihrem Umfeld. Diese Art von figureninterner Räumlichkeit ist auch innerhalb von Einzelfiguren zu finden, wenn zum Beispiel bei Gestalten in Aktion ein Arm den Körper überschneidet (Abb. 20) oder bei einem Tier das dem Betrachter nähere Bein als vor dem weiter entfernten befindlich dargestellt wird. Räumlichkeit ist in der ägyptischen Kunst eine Eigenschaft der Figuren selbst. Beziehungen von Figuren zu einem sie umgebenden Raum hingegen werden nicht gezeigt.

2. Emblembilder

Jede Durchsicht eines der vielen verfügbaren Bücher mit Abbildungen ägyptischer Kunstwerke, jeder Museumsbesuch und jede Reise in das Land lassen den Betrachter schnell bemerken, dass es in altägyptischen Reliefs und Malereien zwei Arten von Bildern gibt. Die einen sind in sich geschlossene Darstellungen von einer oder von mehreren Figuren, die in einer gemeinsamen Handlung begriffen sind. Die anderen sind Kompositionen von oft beträchtlichem Umfang, in denen in einem oder mehreren übereinander angeordneten Streifen (Registern) Handlungsfolgen wiedergegeben werden. Wir wollen die erste Art hier «Emblembilder» nennen, die zweite «Erzählbilder». Welche der beiden in einem bestimmten Fall vom Entwerfenden gewählt wurde, hing vornehmlich von der Form und Art des Bildträgers ab. Emblembilder finden sich meist auf begrenzten Flächen, zum Beispiel auf Gegenständen, etwa Kästen, Möbelstücken und Schmuckelementen. Im monumentalen Bereich befinden sie sich auf den Seiten von Thronen und umgrenzten Architekturelementen wie Pfeilern, Türumrahmungen oder Fenstergittern. Kolossale Emblembilder schmückten auch die Außenflächen mancher Pylone. Auf vielen Stelen komplementieren sie die Inschriften, wie überhaupt ihre enge Verbindung zum geschriebenen Wort beachtenswert ist.

Wenn sie nicht einfach aus nur einer Figur bestehen, sind viele Emblembilder symmetrisch oder doch annähernd symmetrisch aufgebaut. Das kommt am schönsten in den breiten Schmuckanhängern zur Geltung, die man Pektorale nennt, weil sie an Ketten auf der Brust (lateinisch pectus) getragen wurden. Ein solches Pektoral aus dem Grab der Prinzessin Mereret in der Pyramide Sesostris' III. in Dahschur (Abb. 40) zeigt zum Beispiel den Namen des Königs und Herrn der Pyramide im Zentrum, flankiert von zwei Königsgreifen, die asiatische und nubische Feinde niedertrampeln. Über ihnen breitet ein riesiger Geier (die oberägyptische Göttin Nechbet, die oft den König schützend begleitet) seine Schwingen aus, in jeder Klaue das Zeichen für Herrschaft und das Universum. Das Ganze spielt sich in einem Kiosk (der hier wohl das Weltgebäude meint) ab, dessen Dach von Lotospflanzen (Auferstehungssymbolen) getragen wird. Zum Zeichen, dass diese Lotospflanzen ihre vegetabile Kraft nicht verloren haben, sprosst je ein Blütenstengel aus den Hauptstengeln hervor und biegt sich in Richtung Greif und Königsname. Die Prinzessin hätte, wenn sie denn dieses Pektoral je wirklich getragen hat, mit der Emblemkomposition ein Grundbild der ägyptischen Königsherrschaft zur Schau getragen: Der Pharao sichert als Herr über alle Feinde den Bestand des Landes. Das Bild war mit einem Blick zu erfassen, wie das bei Emblemen stets der Fall ist.

3. Erzählbilder

Das Erzählbild hat gegenüber dem Emblembild den Charakter eines zu lesenden fortlaufenden Textes. Es lädt zum Entlanglaufen ein oder erfordert es sogar und unterstreicht damit regelmäßig die räumliche Ausdehnung des Anbringungsortes. Diese Bildkomposition hat daher ihren passendsten Platz nicht an der Front eines Gebäudes, sondern entlang den Wänden im Innern oder an den seitlichen Außenmauern eines Tempels. Ein Beispiel ist der Zug der gabenbringenden Personifikationen von landwirtschaftlichen Domänen, der sich im Zugangskorridor des Statuentempels des Snofru in Dahschur befand. Die weiblichen Figuren waren dort eine hinter der anderen entlang den Eingangswänden dargestellt und begleiteten den Eintretenden gleichsam ins Gebäude hinein. Die Prozession war allerdings lediglich im untersten Streifen der Wände angeordnet; darüber scheinen sich Gruppendarstellungen des Königs und der Götter befunden zu haben, die eher als Emblembilder komponiert waren. Hier lässt sich bereits an einem frühen Beispiel beobachten, dass im Tempeldekor die Kombination von Emblem- und Erzählbildern die größte Rolle gespielt hat. Ein Wechsel von Durchschreiten und schauendem Verweilen bestimmt ja auch jeden Besuch eines Architekturdenkmals mit Wanddekor.

Zahlreiche ägyptische Erzählbilder sind in zeitlich aufeinanderfolgende Sequenzen eingeteilt und schreiten nach der Art von Cartoons – nur ohne Einrahmung der einzelnen Szenen – von Momentbild (oder Emblembild) zu Momentbild fort. Gute Beispiele für solche Erzählfolgen sind Landwirtschafts- und Erntebilder in ägyptischen Gräbern. In anderen Fällen sieht man inhaltlich verwandte Einzelaktivitäten nebeneinander dargestellt; man ist verführt, diese als gleichzeitig an ein und demselben Ort stattfindend aufzufassen. Darstellungen von handwerklichen Tätigkeiten fallen einem bei dieser Bildkategorie als erstes ein. Bei vielen gewinnt man den Eindruck, es sei das Treiben in einer Werkstatt dargestellt, obgleich in zahlreichen Fällen nebeneinander gezeigte Personen verschiedene Stadien der Herstellung eines bestimmten Gegenstandes in zeitlicher Folge

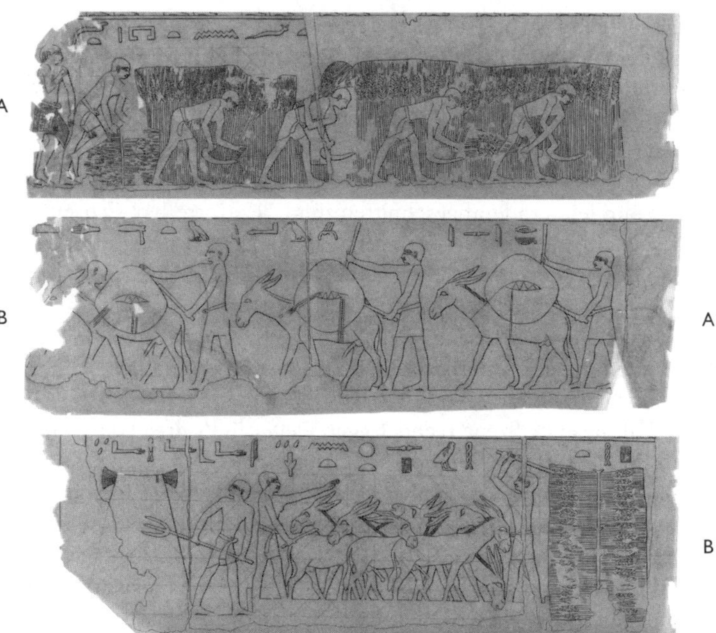

47 Nachzeichnung der Reliefs im untersten Register der Ostwand des Grabes des Neferiretenes/Raemkai aus Saqqara, hier dreigeteilt, 5. Dynastie, Kalkstein, The Metropolitan Museum of Art, New York, Rogers Fund, 1908

darbieten. Beim Anblick solcher Bilder ist man wieder geneigt, den Raum zwischen den Figuren als Innenraum der Werkstatt zu verstehen. In Wahrheit ist aber der Ort dieser Figuren nur ein gedachter, allein von den Figuren selbst aufgerufener. Zwei Beispiele mögen zeigen, wie ägyptische Erzählbilder im Einzelnen gestaltet sein können.

In der von einem Prinzen namens Raemkai usurpierten Grabkapelle des Richters Neferiretenes war im untersten Registerstreifen der Ostwand eine Ernteszene im Relief dargestellt (Abb. 47). Wie die Hieroglyphenschrift – und viele andere ägyptische Erzählbilder – ist auch diese Szenenfolge von rechts nach links zu lesen. Sie beginnt mit dem Schneiden des Getreides mit der Sichel, das von vier Männern in gebückter Haltung vor dem Hintergrund noch stehender Halme ausgeführt wird. Obwohl sie alle die gleiche Haltung einnehmen, ist ihre Tätigkeit doch variiert und zeigt, wenn auch nicht in zeitlicher Folge, verschiedene Stadien der Handlung. Der zweite und der vierte Mann von rechts fassen noch stehende Halme, der erste Arbeiter hat ein Bündel gerade abgeschnitten, und der dritte hat sich eines bereits auf den Rücken geladen. Ein fünfter Mann schnürt sodann in wiederum leicht variierter Haltung eine größere Menge von abgeschnittenen Ähren zu einem Garbenbündel. Das durchaus in sich geschlossene, emblemartige Bild endet links mit der Darstellung des Aufsehers mit Teilglatze und gefälteltem Schurz, der sich auf einen (ursprünglich nur gemalten) Stab stützt.

Auf die erste Szene rechts folgen weiter links drei Treiber mit Eseln, die die Garbenbündel, in Tücher verschnürt, zum Dreschplatz bringen. Zwei Treiber haben je zwei Stöcke, der dritte links nur einen. Ein vom Esel an der Spitze des Zuges zur Hälfte überschnittener Mann beugt sich nach rechts, wahrscheinlich um das Abladen der Bündel von den Rücken der Esel einzuleiten. Bereits abgeladen und von ihren Tüchern befreit, sind die Garben dann am linken Ende dieser Szene zu einem hohen Haufen aufgeschichtet. Das nächstfolgende Teilbild zeigt eine enggedrängte Herde von Eseln, die im Kreis gehend mit ihren Hufen das Getreide ausdreschen. Diese kleine Szene ist rechts und links von zwei Männern eingefasst, welche die Esel mit Stöcken antreiben. Das dabei entstehende Chaos in der Eselherde wird von dem linken Arbeiter mit ausgestrecktem Arm wohl nur teilweise beruhigt. Ein einzelner Mann mit einer «Heugabel» ist dann im letzten Teilbild am linken Ende des Registers mit dem Einfüllen des ausgedroschenen, aber noch nicht gereinigten Getreides in einen konischen Container beschäftigt. Der Behälter ist an den oberen Ecken mit Papyrusdolden verziert (magischen Zeichen der Fruchtbarkeit?). Das dann folgende Worfeln, bei dem die Körner von der Spreu getrennt wurden, ist nicht mehr dargestellt.

Die an verschiedenen Stellen beigefügten Inschriften geben rechts zunächst an, dass «seine Gerste für die Totenstiftung» des Grabbesitzers bestimmt ist. Es folgt in der zweiten Szene der Ruf eines Eseltreibers: «Nun geh schon!» Über den die Garbenbündel tragenden Eseln steht erklärend: «das Tragen [des Korns] durch Esel». Der Garbenhaufen ist als «Garbenhaufen» bezeichnet und die links folgende Szene als «das Austrampeln des Dreschplatzes der Gerste». Schließlich steht über dem Container: «einen Getreidehaufen ansammeln». Das ist nicht viel zusätzliche Information gegenüber dem, was die Bilder an sich schon sagen, unterstreicht aber deren faktischen, erzählenden Charakter. Nur der Ausruf des Eseltreibers gibt diesem eine – für uns faszinierende – Stimme, die er im Bild selbst nicht hat.

Wie schon erwähnt, nehmen die Ernteszenen nur das unterste Register der Wand ein. Darüber lassen uns vier derartige Bildstreifen die verschiedenen Tiere betrachten, die für die Versorgung des Grabbesitzers herangebracht werden. Alle Register werden dann auf der rechten Seite der Wand durch ein übergroßes Bild des Grabbesitzers wie mit einer Klammer zusammengefasst. Der Hierarchie im Leben (Großgrund- und Grabbesitzer auf der einen, Arbeiter und Tiere auf der anderen Seite) entspricht so die Größenhierarchie im Bild.

Etwa tausend Jahre später zeigt eine Malerei im Grab des Stundenpriesters und Schreibers Nacht in der Nekropole auf dem Westufer des Nils beim alten Theben ebenfalls landwirtschaftliche Szenen, darunter das Sicheln der Halme sowie andere, im eben besprochenen Relief nicht dargestellte Einzelszenen der Ernte (Abb. 48). Man sieht auf den ersten Blick, dass diese Komposition aus dem Neuen Reich sehr viel komplexer gestaltet ist. Der Grabherr erscheint nun dreimal an derselben Wand. Als Großfigur, mit seiner Frau Taui, der Tempelsängerin des Amun, beherrscht er die linke Mitte des Bildes. Die beiden Gestalten wenden allerdings den übrigen Darstellungen den Rücken zu. An wen sich das durch sie vollzogene Opfer richtet, wird weiter unten noch erläutert. Sodann erscheint Nacht zweimal in kleinerem Format unter einem Baldachin. Oben rechts überwacht er zwei Register mit Ernteszenen; im untersten Register ist seine Figur nur so groß wie dieses Register, das allerdings in sich durch eine gewellte Bodenlinie zweigeteilt erscheint. Hier sieht sich der Grabherr an, wie gepflügt und ausgesät wird und wie seine Männer Bäume fällen.

Der Zeitfolge von Aussäen und Ernten folgen die Darstellungen im Grab des Nacht – wie in den meisten Gräbern – von unten nach oben. Im Übrigen ist das Geschehen hier vor allem in inhaltlichen und formalen Gegensätzen entwickelt. Die beiden Register vor dem Grabherrn rechts oben zeigen zuoberst den Regen von Körnern und Hecksel, der beim Worfeln in die Luft fliegt, darunter sind die nunmehr vom Hecksel getrennten Körner ordentlich auf zwei Haufen verteilt. Oben wird heftig gearbeitet, darunter wird säuberlich gemessen. Oben ist die aufgeregte Szene von den worfelnden Männern eingerahmt, darunter nimmt ein zählender Mann die Mitte ein. Weitere Gegensätze sind im dritten Register von oben herausgearbeitet: Hier schneiden rechts Männer das Korn, links ernten Frauen Flachs (wie die meiste Textilarbeit war die Flachsernte Frauensache). Dazwischen bindet ein Mann das Garbenbündel so kräftig, dass er hochspringt. Daneben sammelt eine kleiner gezeichnete Frau bescheiden die Garbenreste ein.

Im recht ungewöhnlich gestalteten untersten Teil der Wand ist in der Mitte ein kleiner See oder Tümpel dargestellt, an dem Bäume stehen. Ein Baum wird gefällt. Diese Mitte ist links von einer Gruppe von Säern, rechts von einem Mann eingerahmt, der schon gesprosste Pflanzen betreut. Ganz unten sieht man, wie rechts der feuchte Boden gepflügt wird, während links trockene Erdballen kleingehackt werden. Das für den Grabherrn bereitgestellte Mahl rechts hat sein Pendant in dem mengenmäßig geringeren Proviant der Arbeiter links. Auf der Arbeiterseite links ist allerdings auch noch zu sehen, wie ein durstiger Mann aus einem im Schatten eines Baumes aufgehängten Wasserschlauch trinkt. Hier steht Ungezwungenheit gegen Decorum, wie überhaupt die Landschaftsdarstellung im unteren Teil der Wand der Ritualhandlung des Paares in der oberen rechten Hälfte entgegengesetzt ist.

Wem aber opfert das die Wand dominierende Paar des Grabbesitzers und seiner Frau? Das recht einfache, aus dem Fels gehauene Grab des Nacht besteht aus einer inneren Opferkam-

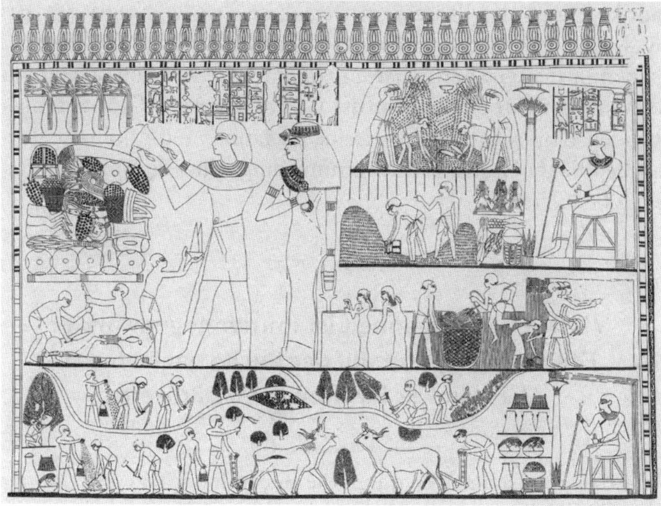

48 Nachzeichnung der Malerei an der linken Eingangswand (Ostwand) des Querraums im Grab des Nacht, Theben-West (TT 52), 18. Dynastie

mer, in der der Kult für die Verstorbenen vollzogen wurde, und einer querliegenden Vorkammer. Nur die Wände dieser Vorkammer sind dekoriert. Unser Bild nimmt die westliche Hälfte der Südwand links neben dem Eingang ein. Das opfernde Paar wendet sich also diesem Eingang zu, und ihr Opfer und Gebet richten sich an Götter, die nicht dargestellt, sondern nur in den Inschriften genannt sind: allen voran Amun-Re, sodann Re-Harachte (die aufgehende Sonne), Osiris (Gott der Unterwelt), Anubis (Gott der Nekropole und des Einbalsamierens) und Hathor, die Herrin von Theben. Die Gegenwart des Amun-Re war besonders wichtig, denn die jährliche Prozession seines Bildes von Karnak nach Deir el-Bahri führte vorbei an den Gräbern und ihren Eingängen. Man könnte sich in der Tat vorstellen, dass das Paar Nacht und Taui mit ihrem Opfer diesen Prozessionszug begrüßt, wenn er außen am Grab vorbeizieht. Die Göttin Hathor hatte als Gottheit der Trunkenheit ebenfalls eine wichtige Funktion beim «schönen Fest vom Wüstental» (der antike Name des Prozessionsfestes), an dem während der Anwesenheit des Gottes in Deir el-Bahri die Familien der Verstorbenen in den Gräbern feierten. Aber auch ganz abgesehen von diesem Fest war die Präsenz der Götter in der die Gräber umgebenden Landschaft offenbar eine geglaubte und erfahrene Tatsache, die im Grab selbst nicht unbedingt einer eigenen Darstellung bedurfte.

VI. Die Vergangenheit ist immer gegenwärtig: Die alten Ägypter auf der Suche nach einem Verständnis ihrer eigenen Bildwelt

Wir haben unseren Weg durch die Bildwelt der Ägypter mit der Frage nach ihren sprachlichen Ausdrücken für das, was wir «Kunst» nennen, begonnen. Wir wollen ihn enden mit der Frage, was denn die Ägypter selbst über ihre Bilder gedacht haben. Eine solche Befragung ist nicht völlig zum Scheitern verurteilt, weil es eine recht große Zahl von Werken gibt, in denen Besteller wie Ausführende sich mit bereits existierenden Statuen und Reliefs der Vergangenheit auseinandergesetzt haben. Die Geschichte dieser Auseinandersetzungen begann unübersehbar, als Pharao Amenemhet I. sich kurz nach 2000 v. Chr. entschloss, seine Residenz vom südlichen Theben in die Gegend der alten Hauptstadt Memphis im Norden zu verlegen.

Während des 3. Jahrtausends, von der Frühzeit bis ins späte Alte Reich, hatten vor allem memphitische Bildhauer und Maler Schritt für Schritt eine einmalig geschlossene Bildwelt aufgebaut. Erst gegen Ende des Alten Reiches begann sich politisch und künstlerisch eine Ermüdung der Region um Memphis abzuzeichnen; mittel- und oberägyptische Provinzen übernahmen die Führung. Besonders im Raum von Theben wurde – auf den memphitischen Leistungen aufbauend – inhaltlich wie formal eine neue Bildsprache entwickelt. Doch der Sog des fruchtbaren Nildeltas und die Notwendigkeit, die Grenzen besonders im

Nordosten gegen andrängende Völker zu sichern, machten es notwendig, den Schwerpunkt des Landes in den Norden zurückzuverlegen: Eine neue Hauptstadt, genannt *Imenemhat Itj-taui* («Amenemhet hat die beiden Länder ergriffen»), wurde in der Nähe des alten Memphis gegründet.

Am neuen Standort fanden sich die aus dem Süden mitgebrachten Architekten und Bildhauer, die der König mit der Erstellung seines Pyramidenbezirks beauftragte, dem überwältigenden Eindruck der Bauten und Bilder des Alten Reiches ausgesetzt, und die am Ort schon vorhandenen Künstler brachten ohnehin ihre überkommene Tradition mit ein. Die Folge war, dass bereits der zweite König der 12. Dynastie, Sesostris I., und von da an alle seine Nachfolger Pyramidenbezirke bauten, deren Anlage und Architektur sich mehr oder weniger eng an die Vorbilder des Alten Reiches anschlossen. Die Reliefkunst, besonders die Werke, die für den Pyramidenbezirk Amenemhets I. geschaffen wurden, stand zunächst so sehr unter dem Einfluss des Alten Reiches, dass es in vielen Fällen schwer ist, die Werke der frühen 12. Dynastie von denen des Alten Reiches zu unterscheiden. Eine erste bedeutende Phase der Auseinandersetzung ägyptischer Künstler und ihrer Auftraggeber mit der Bildwelt der Vergangenheit hatte begonnen.

Die Ägyptologie ist angesichts von Nachschöpfungen nach Werken früherer Epochen schnell mit dem Begriff «Archaismus» bei der Hand. Der Ausdruck fällt zum Beispiel regelmäßig, wenn bestimmte Statuentypen, die in einer Epoche zuerst ausgebildet wurden, in einer späteren wiederaufgenommen wurden oder wenn gewisse ikonographische Details einer Zeit in einer anderen wiederkehren. In den wenigsten dieser Fälle bilden allerdings die aus älteren Werken bekannten Elemente oder Motive stilistische Fremdkörper in der späteren Epoche, die als altmodisch empfunden worden wären; und genau solch einen Fremdkörper meint man ja wohl mit dem Ausdruck «archaistisch». Vielmehr haben wir es im alten Ägypten mit einem zuerst in der frühen 12. Dynastie in vollem Ausmaß zu beobachtenden Prozess zu tun, der von da an nie mehr ganz aus der ägyptischen Bildkunst verschwand, einem Prozess der ständigen

Neuaneignung des einmal Geschaffenen. Den besten Vergleich findet der heutige Betrachter in der Praxis unserer Theater, ältere Dramen oder Opern nach bestimmten Zeitspannen immer wieder neu zu inszenieren. Hier wird nicht dem Alten um seines Alters willen gehuldigt, sondern aussagekräftige Werke werden jedesmal neu interpretiert und visuell verwirklicht.

Ein Beispiel: Der weibliche Pharao Hatschepsut gab zur Aufstellung rechts und links des Eingangs in das Sanktuar ihres Tempel in Deir el-Bahri zwei Statuen in Auftrag, die sie in Beterhaltung – die vorgehaltenen Hände liegen flach auf dem gestärkten Schurz – darstellen. Dieselbe Pose war im Mittleren Reich für Skulpturen benutzt worden, die Sesostris III. für den benachbarten Tempel Mentuhoteps II. gestiftet hatte. An den neuen Statuen der Hatschepsut ist nichts «Altmodisches», sie sind völlig im Stil ihrer Zeit ausgeführt, aber der Kenner – und das war jeder, der die beiden nebeneinander liegenden Tempel von Deir el-Bahri betreten konnte – verstand, was mit der Wiederaufnahme des alten Statuentyps ausgesagt war: «Ich, Pharao Hatschepsut, verehre den Amun, wie er seit alten Zeiten verehrt wurde. Meine Herrschaft ist so gut und so legitim wie die des großen Sesostris.» Der Statuentyp des Mittleren Reiches diente hier als Chiffre für legitime Herrschaft und Pietät.

Für uns heute sind solche Beispiele eines direkten Bezugs der lebendigen Kunstübung zur überall noch sichtbaren Vergangenheit eine wichtige Verstehenshilfe. Sehen wir doch den alten Ägyptern gleichsam bei der Betrachtung der Kunstwerke ihrer Vorfahren über die Schulter. Wenn ein solches Über-die-Schulter-Sehen bei Werken der ägyptischen Hauptepochen bereits eine aufregende Sache ist, so bietet dann besonders die Kunst des 1. vorchristlichen Jahrtausends (der «Spätzeit»), als Ägypten schon sehr alt war, viele Beispiele von Statuen und Bildern, die über das Verständnis Auskunft geben, das die damaligen Ägypter von älteren Werken hatten.

Die Dioritstatue des Monthemhet (Abb. 49) stand einst – wohl als ritualteilnehmende Statue – im Tempel von Karnak. Sie wurde irgendwann in den letzten vorchristlichen Jahrhunderten mit Hunderten anderer Statuen in der sogenannten Cachette unter dem Boden des Hofes nördlich des siebten Pylon vergraben. Das Grundmotiv der Komposition ist das damals schon uralte der Stand-Schreitfigur, aber statt dieses Motiv in üblicher Weise ganz allgemein neuzuformulieren, haben der Entwerfer und seine Bildhauerschule mehrere ältere Werke als Vorbilder ausgewählt und nachgebildet. Dabei ist allerdings kein Pasticcio entstanden, sondern ein in sich organisches neues Werk.

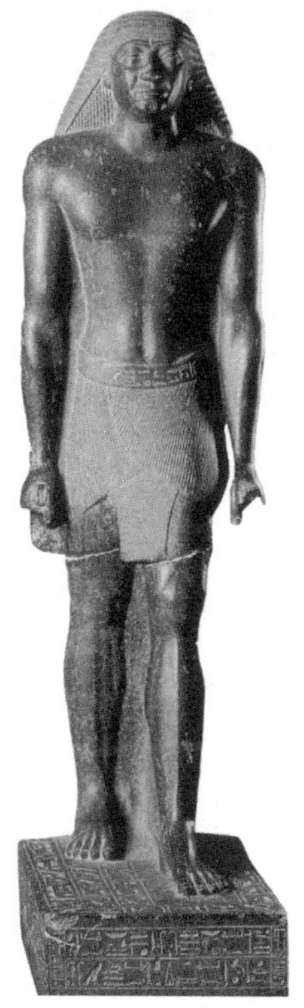

49 Statue des Monthemhet aus Karnak, späte 25. oder frühe 26. Dynastie, Granodiorit, Ägyptisches Museum, Kairo

Der Körper der Statue ist den Königsstatuen der 4. Dynastie nachgebildet. Knie und Schienbein des vorgestellten Beins gleichen in Einzelheiten den entsprechenden Partien zum Beispiel in den Triaden des Mykerinos (Abb. 25), und auch die Formen des Torsos sind denjenigen dieser Königsfiguren auffallend ähnlich. Die Arme des Monthemhet sind allerdings wuchtiger und muskulöser als bei den meisten vergleichbaren Werken früherer pharaonischer Epochen. Hier haben Statuen nubischer Herrscher Pate gestanden, wie sie vor wenigen Jahren in Kerma im Sudan gefunden wurden. Von nubischem Typus ist auch das Gesicht des Monthemhet mit den tiefen Falten zwischen den Nasenflügeln und den Mundwinkeln, den tiefliegenden Augen und dem breiten Mund.

Monthemhet – wie die Gesichtsbildung der Statue nahelegt, vielleicht selbst aus Nubien, dem südlichen Nachbarland Ägyptens, stammend – diente als Bürgermeister von Theben und «Vierter Amunspriester» den letzten nubischen («kuschitischen») Herrschern über Ägypten, Taharqo und Tanutamani.

Im Jahr 664 v. Chr. erlebte er den schlimmsten Einfall der Assyrer und blieb nach dem darauf folgenden Rückzug der Kuschiten in ihre Heimat bis in die frühen Jahre der Regierung einer wieder einheimisch ägyptischen Dynastie, der 26., praktisch unumstrittener Machthaber über Oberägypten mit Theben als Zentrum. Die Reminiszenz an königliche Statuen des Alten Reiches in der Kairener Statue des Monthemhet drückt das so deutlich wie nur irgend möglich aus: Wir haben hier einen der Machthaber vor uns, wie sie in der 4. Dynastie das Land beherrschten. Die nubisch-kuschitischen Züge weisen auf die Herkunft seiner Macht hin und zeigen seinen Stolz auf diese Herkunft. Schließlich ist noch die bis in die kleinsten Details fein ausgearbeitete Perücke des Monthemhet zu beachten. Sie folgt als Vorbildern Statuen aus der Regierungszeit Amenophis' III., vor allem Statuen des Weisen Amenophis, des Sohnes des Hapu; aber auch andere Mitglieder des Hofes wurden in dieser Glanzzeit mit solchen Perücken dargestellt. In der Monthemhet-Statue wird damit die Eleganz des Hofes von Amenophis III. aufgerufen. Möglich ist auch, dass es sich um eine Anspielung auf die prächtigen Gräber der Höflinge Amenophis' III. in Theben-West handelt. Damit wäre in der Statue auch auf eine große Zeit von Theben verwiesen.

Was kann man nach diesen Betrachtungen über das Verhältnis der alten Ägypter zu ihrer eigenen Bildwelt sagen? Einmal kann man eine beachtliche Geschichts- und Kunstkenntnis bei Auftraggebern und Bildschaffenden feststellen. Diese Leute kannten die Kunst ihrer Vergangenheit. Aber noch wichtiger: Von Bedeutung waren die als Vorbilder benutzten Werke vor allem, weil sie bestimmte Botschaften übermittelten. Und weil jeder die bildlich übermittelten Botschaften verstand, konnte an dem Text immer weiter geschrieben, konnten die Botschaften immer neu interpretiert werden.

Zeittafel

Die absoluten Daten der ägyptischen Geschichte werden aufgrund neuer Funde und neuer Interpretationen der Quellen laufend diskutiert und variieren dementsprechend in den verschiedenen Veröffentlichungen. Alle Daten vor 664 v. Chr. schwanken um bis zu 200 Jahre am Anfang dieser Zeittafel, um etwa 30 Jahre im Mittleren und etwa 20 Jahre im Neuen Reich und danach. Vom Regierungsantritt Psammetichs I. (664 v. Chr.) an liegen ausreichend gesicherte Daten in Ägypten sowie Querverbindungen zur vorderasiatischen und schließlich zur griechisch-römischen Geschichte vor. Die hier angegebenen Daten werden derzeit im Metropolitan Museum of Art, New York verwendet. Kürzlich vorgeschlagene Verringerungen von Regierungszeiten einzelner Könige sind noch nicht berücksichtigt.

vor 4000 v. Chr.	**Neolithisch**
	Prädynastisch
ca. 4400–3800 v. Chr.	*Badari*
ca. 3900–3650 v. Chr.	*Negada I*
ca. 3650–3300 v. Chr.	*Negada II*
ca. 3300–3100 v. Chr.	*Negada III*
ca. 3200–3100 v. Chr.	O. Dynastie: *Narmer u. a.*
	Frühzeit
ca. 3100–2910 v. Chr.	1. Dynastie: *Aha (= Menes), Djer, Djet, Den, Qaa u. a.*
ca. 2910–2649 v. Chr.	2. Dynastie: *Raneb, Peribsen, Chasechemui u. a.*
	Altes Reich
ca. 2649–2575 v. Chr.	3. Dynastie: *Djoser, Sechemchet, Huni u. a.*
ca. 2575–2465 v. Chr.	4. Dynastie: *Snofru, Cheops, Djedefre, Chephren, Mykerinus, Schepseskaf*
ca. 2465–2323 v. Chr.	5. Dynastie: *Userkaf, Sahure, Neferirkare, Schepseskare, Neferefre, Niuserre, Menkauhor, Isesi, Unas*
ca. 2323–2150 v. Chr.	6. Dynastie: *Teti, Userkare, Pepi I., Merenre I., Pepi II., Merenre II. u. a.*
	(7. Dynastie: existierte nicht)
ca. 2150–2100 v. Chr.	8. Dynastie
	Erste Zwischenzeit
ca. 2100–2020 v. Chr.	9. und 10. Dynastie *(nur im Norden): Könige mit Namen Merikare, Chety u. a.*

ca. 2124–2020 v. Chr.	11. Dynastie *(nur im Süden): Mentuhotep I., Intef I., Intef II., Intef III., Mentuhotep II.*
ca. 2020 v. Chr.	**Wiedervereinigung** *unter Mentuhotep II.*
	Mittleres Reich
ca. 2020–1981 v. Chr.	11. Dynastie: *Mentuhotep II., Mentuhotep III. u. a.*
ca. 1981-1802 v. Chr.	12. Dynastie: *Amenemhet I., Sesostris I., Amenemhet II., Sesostris II., Sesostris III., Amenemhet III., Amenemhet IV., Nofrusobek*
ca. 1802–1700 v. Chr.	13. Dynastie *bis Aya Merneferre: Hor, Könige mit Namen Sebekhotep, Neferhotep u. a.*
	Zweite Zwischenzeit
ca. 1700–1640 v. Chr.	13. Dynastie *nach Aya Merneferre*
ca. 1700 v. Chr.	14. Dynastie *(Teilgebiet im Delta?)*
ca. 1648–1540 v. Chr.	15. Dynastie *(«Hyksos» im Norden)*
ca. 1648–1580 v. Chr.	16. Dynastie *(im Süden?)*
ca. 1580–1550 v. Chr.	17. Dynastie *(im Süden): endet mit Seqenenre und Kamose*
	Neues Reich
ca. 1550–1295 v. Chr.	18. Dynastie: *Ahmose, Amenophis I., Thutmosis I., Thutmosis II., Hatschepsut, Thutmosis III., Amenophis II., Thutmosis IV., Amenophis III., Amenophis IV. (Echnaton), Neferneferuaten, Semenchkare, Tutanchamun, Eje, Haremhab*
ca. 1295–1186 v. Chr.	19. Dynastie: *Ramses I., Sethos I., Ramses II., Merenptah, Sethos II., Amenmesse, Siptah, Tausret*
ca. 1186–1070 v. Chr.	20. Dynastie: *Sethnacht, Ramses III. bis Ramses XI.*
	Dritte Zwischenzeit
ca. 1070–945 v. Chr.	21. Dynastie
ca. 945–712 v. Chr.	22. Dynastie *(«Libyer»)*
ca. 818–700 v. Chr.	23. Dynastie
ca. 724–712 v. Chr.	24. Dynastie
seit ca. 780 v. Chr.	25. Dynastie *(in Napata, Nubien)*
ca. 712–664 v. Chr.	25. Dynastie *(Könige von Ägypten, «Kuschiten»): Pije, Schabaka, Schebitku, Taharqa, Tanutamun*
671–Ende 7. Jh. v. Chr.	**Einfälle und Vorherrschaft der Assyrer**
	Spätzeit
664–525 v. Chr.	26. Dynastie: *Psammetich I., Necho, Psammetich II., Apries, Amasis, Psammetich III.*

	Erste Perserzeit
525–404 v. Chr.	27. Dynastie: *Kambyses, Dareios I., Xerxes, Artaxerxes, Dareios II.*
	Einheimisch
522–399 v. Chr.	28. Dynastie: *Amyrtaios I., Amyrtaios II. u. a.*
399–380 v. Chr.	29. Dynastie: *Achoris, Nepherites II. u. a.*
380–343 v. Chr.	30. Dynastie: *Nektanebos I., Teos, Nektanebos II.*
	Zweite Perserzeit
343–332 v. Chr	31. Dynastie: *Artaxerxes III., Ochos, Arses, Dareios III.*
332–305 v. Chr.	**Argeaden**
	Alexander der Große, Philipp Arrhidaios, Alexander IV.
305–30 v. Chr.	**Ptolemäer**
30 v. Chr.	**Ägypten wird Teil des römischen Reiches**

Bildnachweis

1 (RMN), 36 (Ägyptisches Museum und Papyrussammlung, SMB/Foto Margarete Büsing), 45 (RMN|Foto Franck Raux), 46 (Ägyptisches Museum und Papyrussammlung, SMB/Foto Jürgen Liepe): © bpk, Berlin; 2, 5 (MM 6908), 6, 17 (TAA 686), 24 (Louvre, Paris), 25 (Ägyptisches Museum, Kairo, JE 46 499), 35, 37, 38, 41 (Ägyptisches Museum, Kairo, CG 99), 47, 48: Foto Metropolitan Museum of Art, New York; 3 (RMN), 26 (Ägyptisches Museum, Kairo, CG 14): Foto Gustavo Camps; 4, 27, 44: © Deutsches Archäologisches Institut, Kairo; 7 (Courtesy of the Ministero Beni e Att. Culturali), 18 (© 2011. Museum of Fine Arts, Boston. All rights reserved), 32 (Turin, Fondazione Museo delle Antichita Egizie): Scala Archives, Florenz; 8, 9, 10, 11, 12, 13, 19, 20, 21, 22, 30, 31, 39: Foto Artur Brack; 14 (François Guénet), 28 (Cameraphoto/VG Bild-Kunst, Bonn 2012), 40 (De Agostini Picture Library): © akg-images, Berlin; 15: zitiert nach A. Badawy, A History of Egyptian Architecture, Bd. I, Berkeley 1990 (© Histories and Mysteries of Man LDT, The Glassmill 1, Battersea Bridge Rd., London SW11 3BG); 16: zitiert nach U. Hölscher, Das Grabdenkmal des Königs Chephren, Leipzig 1912; 23: © Rijksmuseum van Oudheden, Leiden; 29: zitiert nach Chr. Eckmann u. S. Shafik, Leben dem Horus Pepi, Bonn/Mainz 2005 (© DAI Kairo, Foto P. Windzus); 33, 34, 43: Hirmer-Archiv/Foto Max Hirmer; 42: © The Trustees of the British Museum, London; 49: zitiert nach C. Aldred u. a., L'Égypte du crépuscule. De Tanis à Méroé, Paris 2009 (© Archive Gallimard-UdF/RCS)

Literaturhinweise

Geschichte, Religion und Literatur: J. Assmann, Ägypten. Eine Sinngeschichte, München 1996; J. Baines u. J. Málek, Cultural Atlas of Ancient Egypt, New York 2000; S. Donadoni, Der Mensch des Alten Ägypten, Frankfurt a. M./New York/Paris 1992; E. Hornung, Altägyptische Dichtung, Stuttgart 1996; Ders., Der Eine und die Vielen. Altägyptens Götterwelt, Darmstadt 2005; Ders., Gesänge vom Nil. Dichtung am Hofe der Pharaonen, Zürich 1990; B. J. Kemp, Ancient Egypt. Anatomy of a Civilization, London/New York ^{2}2006; M. Lichtheim, Ancient Egyptian Literature. A Book of Readings, 3 Bde., Berkeley/Los Angeles/London 2006; R. B. Parkinson, The Tale of Sinuhe and Other Ancient Egyptian Poems 1940–1640 B. C., Oxford 1997; M. Seidel (Hrsg.), Ägypten. Kunst und Architektur, Köln 2001; I. Shaw (Hrsg.), The Oxford History of Ancient Egypt, Oxford 2000 ***Kunstgeschichte:*** C. Aldred, Egyptian Art in the Days of the Pharaohs. 3100–320 B. C., London/New York 2008; J. Baines, Visual and Written Culture in Ancient Egypt, Oxford 2007; J. Leclant (Hrsg.), Ägypten, 3 Bde., München 1979–1981; J. Málek, Ägypten – 4000 Jahre Kunst, Berlin 2003; G. Robins, The Art of Ancient Egypt, Cambridge/Mass. 2008; E. Russmann u. Th. G. H. James (Hrsg.), Eternal Egypt. Masterworks of Ancient Art from the British Museum, London 2001; H. Schäfer, Von ägyptischer Kunst. Eine Grundlage, Wiesbaden ^{4}1963; F. Tiradritti, Ägyptische Wandmalerei, München 2007; D. Wildung, Die Thematisierung des Raumes. Zur Struktur der altägyptischen Skulptur, in: A. Loprieno (Hrsg.), Mensch und Raum von der Antike bis zur Gegenwart, München 2006, S. 169–174 ***Handwerker, Künstler und künstlerische Techniken:*** G. Andreu, Les Artistes de Pharaon. Deir el-Médineh et la Vallée des Rois, Paris 2002; R. Drenkhahn, Die Handwerker und ihre Tätigkeiten im alten Ägypten, Wiesbaden 1976; P. T. Nicholson u. I. Shaw (Hrsg.), Ancient Egyptian Materials and Technology, Cambridge 2000 ***Architektur, Häuser, Paläste, Kapellen, Tempel und Gräber:*** D. Arnold, Die Tempel Ägyptens. Götterwohnungen, Kultstätten, Baudenkmäler, Zürich 1992; M. Bietak (Hrsg.), Haus und Palast im alten Ägypten, Wien 1996; A. H. Bomann, The Private Chapel in Ancient Egypt. A Study of the Chapels in the Workmen's Village at El Amarna with Special Reference to Deir el Medina and Other Sites, London/New York 1991; D. Franke, Das Heiligtum des Heqaib auf Elephantine, Geschichte eines Provinzheiligtums im Mittleren Reich, Heidelberg 1994; D. Kurth, Edfu. Ein ägyptischer Tempel, gesehen mit den Augen der alten Ägypter, Darmstadt 1994; R. Stadelmann, Die ägyptischen Pyramiden. Vom Ziegelbau zum Weltwunder, Mainz 1997; Chr. Tietze (Hrsg.), Amarna. Lebensräume – Lebensbilder – Weltbilder, Potsdam 2008; M. Ziermann u. Chr. Eder, Zu den städtischen privaten Ka-Hausanlagen des späten Alten Reiches in 'Ayn Asil, in: Mitteilungen des Deutschen Archäologischen Instituts, Abteilung Kairo 57, 2001, S. 309–356 ***Kunst der Vorgeschichte und Frühzeit bis zur 3. Dynastie:*** D. Craig Patch, The Dawn of Egyptian Art, New Haven/London 2012; M. Eaton-Krauss, Non-Royal Pre-Canonical Statuary, in: N. Grimal (Hrsg.), Les Critères de datation stylistiques à l'Ancient Empire, Kairo 1998, S. 209-225; A. Grimm, Am Beginn der Zeit. Ägypten in der Vor- und Frühzeit, München 2000; E. Teeter (Hrsg.), Before the Pyramids. The Origins of Egyptian Civilization, Chicago 2011 ***Kunst des Alten Reiches:*** D. Arnold, When the Pyramids Were Built. Egyptian Art of the Old Kingdom, New York 1999; D. Arnold u. Chr. Ziegler (Hrsg.), Egyptian Art in the Age of the Pyramids, New York 1999; V. Brinkmann (Hrsg.), Sahure. Tod und Leben eines großen Pharao, Frankfurt a. M. 2010; R. Stadelmann (Hrsg.), Kunst des Alten Reiches, Mainz 1995; W. Stevenson Smith, A History of Sculpture and Painting in the Old Kingdom, New York 1978 ***Kunst des Mittleren Reiches:*** J. Bourriau, Pharaohs and Mortals. Egyptian Art in the Middle Kingdom, Cambridge 1988; B. Fay, The Louvre Sphinx and Royal Sculpture from the Reign of Amenemhat II, Mainz 1996; D. Wildung, Sesostris und Amenemhet. Ägypten im Mittleren Reich, München 1984; Ders. (Hrsg.), Ägypten 2000 v. Chr. Die Geburt des Individuums, München 2000 ***Zweite Zwischenzeit:*** M. Maree (Hrsg.), The Second Intermediate Period (Thirteenth – Seventeenth Dynasties). Currant Research, Future Prospects, Leuven 2010 ***Kunst des Neuen Reiches:*** D. Arnold, The Royal Women of Amarna. Images of Beauty from Ancient Egypt, New York 1996; R. Freed, Y. J. Markowitz u. S. H. D'Auria, Pharaohs of the Sun. Akhenaten – Nefertiti – Tutankhamun, Boston/New York/London 1999; A. Ghaffar Shedid u. M. Seidel, Das Grab des Nacht. Kunst und Geschichte eines Beamtengrabes der 18. Dynastie in Theben-West, Mainz 1991; T. G. H. James, Ramesses II, Vercelli 2002; A. Kozloff u. a., Egypt's Duzzling Sun. Amenhotep III and His World, Cleveland 1992; C. H. Roehrig (Hrsg.), Hatshepsut. From Queen to Pharaoh, New Haven/London 2005 ***Kunst der Dritten Zwischenzeit, Spätzeit und Ptolemäer- und Römerzeit:*** S. A. Ashton, Ptolemaic Royal Sculpture from Egypt. The Interaction Between Greek and Egyptian Traditions, Oxford 2001; B. V. Bothmer, Egyptian Sculpture of the Late Period 700 B. C. to A. D. 100, New York 1960; M. Hill (Hrsg.), Gifts for the Gods. Images from Egyptian Temples, New Haven/London 2007; W. Kaiser, Zur Datierung realistischer Rundbildnisse ptolemäisch-römischer Zeit, in: Mitteilungen des Deutschen Archäologischen Instituts, Abteilung Kairo 55, 1999, S. 237–263 ***Weiterleben und Wiederaufleben älterer Kunstformen:*** J. Tait (Hrsg.), «Never Had the Like Occurred». Egypt's View of its Past, London 2003; F. Tiradritti (Hrsg.), Pharaonic Renaissance, Archaism and the Sense of History, Budapest 2008

Orts- und Namenregister